Annette Epp

Stuttgart

Freizeit mit Kindern

STÖPPEL
FreizeitMedien

Tourenübersicht

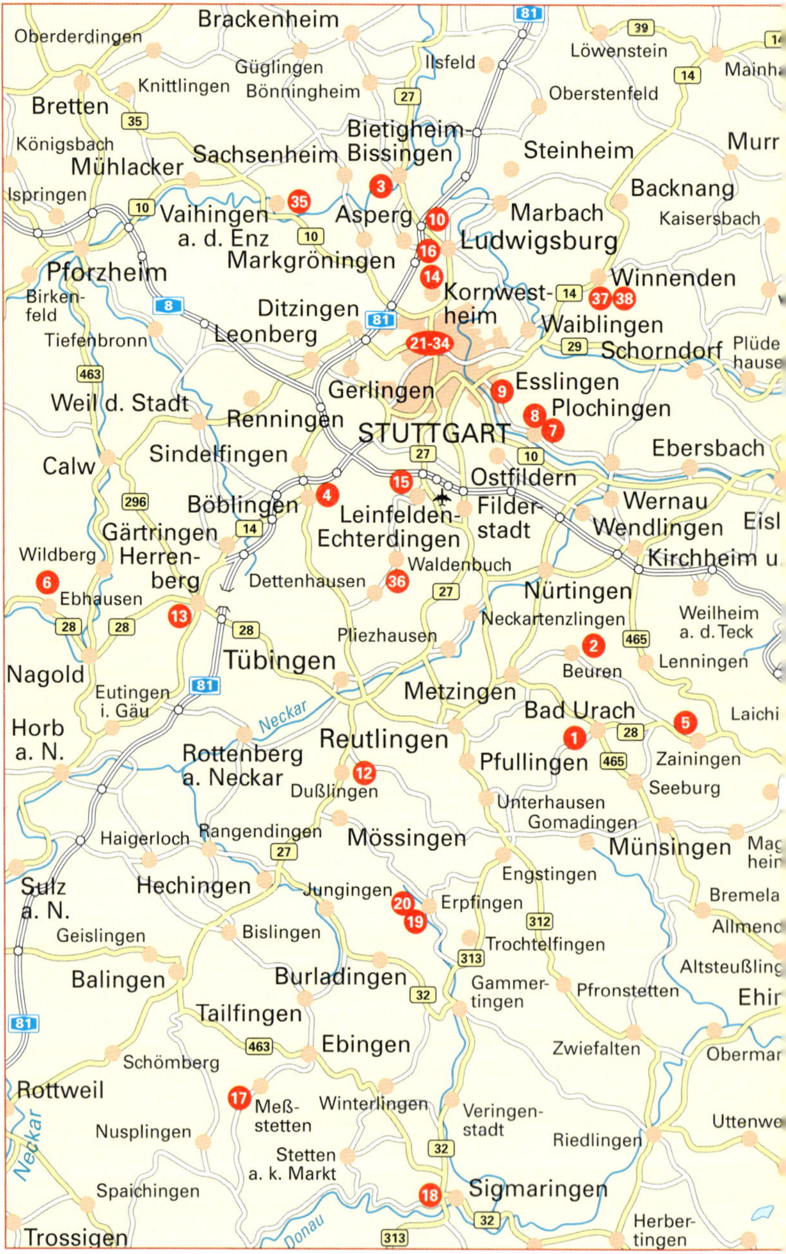

0
5
10 km
N
Schwäbisch Hall
Bühlertann
Gaildorf
Sulzbach-
-Laufen
Ellwangen
7
Gschwend
Hüttlingen
Eschach
Abtsgmünd
Aalen
29
Essingen
Schwäbisch Gmünd
Königsbronn
19
466
Heidenheim
Donzdorf
466
Giengen a. d. Brenz
Gerstetten
11
Herbrechtingen
492
Weidenstetten
Nellingen
7
Langenau
Dornstadt
8
Blaustein
Ulm
Donau
Blaubeuren
Neu-Ulm
Pfaffen-
hofen
Erbach
Weißenhorn
Senden
Vöhringen
Rißtissen
Illertissen
Buch
Laupheim
7
Schemmer-
hofen
Schwendi
Hurbel
Babenhausen
Gutenzell-
Iller
Erolzheim

Die Autorin:

Annette Epp, geb. 1967 in Augsburg, Studium der Rechtswissenschaften an der Universität Augsburg, Volontariat bei Rundfunk und Fernsehen; Moderatorin und Redakteurin bei einem RTL-Regionalfenster. Lebt als freie Autorin mit ihrem Mann und ihren beiden Kindern in Reutlingen. www.annette-epp.de

Trotz größter Sorgfalt bei Recherche und Zusammenstellung der Touren in diesem Buch können Autorin und Verlag für die Angaben keine Gewähr übernehmen. Auf jeden Fall freuen wir uns über Korrekturhinweise, Anregungen und Verbesserungsvorschläge zu diesem Freizeitführer. Bitte senden Sie diese an:

STÖPPEL FreizeitMedien GmbH
Mandichostraße 18 · 86504 Merching · E-Mail: info@stoeppel.de

Bildnachweis

S.1 von der Autorin; S. 10 von der Autorin; S. 11 von der Autorin; S. 12 Copyright Stadt Bad Urach/ Pressestelle; S. 13 Copyright Stadt Meßstetten/ Pressestelle; S.14/15/16/17 Copyright Landkreis Esslingen/Pressestelle, Freilichtmuseum Beuren; S.17/18 Copyright Bietigheim-Bissingen Städtisches Bildarchiv /Fotos: F. Adler; S.19/20 Copyright Fleischerei Museum/Stadtverwaltung Böblingen; S. 21/22 Copyright Gemeindeverwaltung Römerstein/Ortsteil Böhringen; S.23/24 Copyright Kamelhof Rotfelden; S.25/27 Copyright Württembergische Landesbühne Esslingen, Foto S.25 Andreas Zauner, Foto S.26 Frank Pieth; S.29 Copyright Nymphea Esslingen; S.30/31/32 Copyright Hochseilgarten Fellbach; S.33/34/35 Copyright JumpinnGbR Freiberg; S.36/37 Copyright Pressebüro „Die Welt von Steiff",Giengen; S.38/39 Copyright Gemeindeveraltung Gomadingen/ Fotos: Ulrike Klumpp; S. 42/43 Copyright Stadt Kornwestheim/Pressestelle; S.44/45 Copyright Spielkartenmuseum Leinfelden/Echterdingen; S.46/47 Copyright Schloss Ludwigsburg/Staatsanzeiger für Baden-Württemberg GmbH; S.48/49 Copyright Stadt Meßstetten/Pressestelle; S.49 Bild unten von der Autorin; S.51 Copyright Schloss Sigamringen; S. 52/53 Copyright Ostereimuseum Sonnenbühl; S. 56/57 Copyright Stuttgart-Marketing GmbH; S.58/59 Pressestelle Neckar Käpt'n Stuttgart; S.60 von der Autorin; S.61 Copyright Stuttgart-Marketing GmbH; S.62/63 Copyright Kathrin Baur, www.kathrin-baur.de; S. 64/65 Stuttgarter Bibelmuseum/ Deutsche Bibelgesellschaft; S.66/67 Copyright DAV Kletterzentrum Stuttgart; S.68/69 Copyright Bärenschlößle Stuttgart; S.70/71 Copyright Haus des Waldes, Stuttgart; S.72/73 Copyright Stuttgart-Marketing GmbH; S. 75 Copyright Hallendbad Zuffenhausen/Pressestelle; S.77 Copyright Stuttgart-Marketing GmbH; S. 78/79 Copyright Flugmuseum Albatros/Pressestelle; S. 80/81 Copyright Stuttgarter Feuerwehrmuseum ; S. 82/83/84 Copyright Bonbonmuseum Vaihingen; S. 86 Copyright Stuttgart-Marketing GmbH; S.88/89 Copyright Modellbahnvereinigung Winnenden; S.90/91 Copyright Wunnebad Winnenden/ Stadt Winnenden/Pressestelle; S.92/93/94 von der Autorin

Bibliografische Information der Deutschen Bibliothek
Die Deutsche Bibliothek verzeichnet diese Publikation in der Deutschen Nationalbibliografie, detaillierte bibliografische Daten sind im Internet unter http://ddb.de abrufbar.

2., völlig neu überarbeitete Auflage 2008

Layout:	Comtex Mediendesign, Augsburg
Karten:	Computerkartographie Carrle, München
Übersichtskarte:	cartomedia, Karlsruhe
Umschlag:	grafik et cetera Maria Reichenauer
Druck:	EOS, St. Ottilien
	Printed in Germany

ISBN 978-3-89987-318-4

Inhalt

Tourenübersicht 2
Zeichenerklärung 8
Vorwort 9
Zu Anfang einige Tipps 10

Die Touren

Bad Urach

1 Höhenfreibad Bad Urach 12

Beuren

2 Freilichtmuseum Beuren 14

Bietigheim-Bissingen

3 Badepark Ellental 17

Böblingen

4 Fleischereimuseum 19

Böhringen

5 Landwirtschaftlicher Erlebnispfad Böhringen 21

Ebhausen / Rotfelden

6 Kamelhof Rotfelden 23

Esslingen

7 Landesbühne Esslingen - Junge WLB 25
8 Nymphaea Esslingen 28

Fellbach

9 Hochseilgarten Fellbach 30

Freiberg / Neckar

10 Jumpinn GbR Freiberg / Neckar Indoorspielplatz 33

Giengen

11 Die Welt von Steiff 36

Gomadingen

12 Planetenwanderweg Gomadingen 38

Herrenberg

13 Glockenmuseum 40

Kornwestheim

14 Schulmuseum Nordwürttemberg 42

Leinfelden-Echterdingen

15 Spielkartenmuseum 44

Ludwigsburg

16 Schloss Ludwigsburg 46

Meßstetten

17 Wildgehege Meßstetten 48

Sigmaringen

18 Schloss Sigmaringen 50

Sonnenbühl / Erpfingen

19 Ostereimuseum Sonnenbühl 52

20 Feriendorf Sonnenmatte 54

Stuttgart

21 Schloss Solitude 55

22	Linden-Museum Stuttgart - Staatliches Museum für Völkerkunde	56
23	Neckar Käpt'n	58
24	Planetarium	60
25	Höhenpark Killesberg	62
26	Bibelmuseum	64
27	DAV Kletterzentrum Stuttgart	66
28	Bärenschlößle mit Bärensee	68
29	Haus des Waldes	70
30	Fernsehturm Stuttgart	72
31	Hallenbad Zuffenhausen	74
32	Zahnradbahn	76
33	Albatros-Flugmuseum	78
34	Stuttgarter Feuerwehrmuseum	80

Vaihingen

35	Bonbon-Museum Vaihingen	82

Waldenbuch

36	Museum Ritter	85

Winnenden

37	Modellbahnvereinigung Winnenden	88
38	Wunnebad Winnenden	90

Wintersport auf der Schwäbischen Alb

Langlaufloipen / Skilifte 92

Serviceteil

Wohin bei Sonne? 93

Wohin bei Regen? 93

Wohin bei Schnee? 93

Mit dem Baby unterwegs 94

Register 95

Zeichenerklärung

Symbolerklärung

- Adresse mit Telefonnummer und weiteren Informationen
- Öffnungszeiten
- Eintrittspreise
- Einkehrmöglichkeiten
- Parkplatz
- Anreise mit öffentlichen Verkehrsmitteln
- Anreise mit dem Pkw

- Tour auch bei Regen möglich
- Tour auch im Winter empfehlenswert
- Radtour
- Tour auch für Kinderwagen geeignet
- Wanderung
- Besichtigung

Kartenlegende

- Gasthaus, Biergarten
- Parkplatz
- Rastplatz
- Haltestelle
- Bahnhof
- Sehenswürdigkeit
- Kirche / Kapelle
- Burg / Schloss
- Ruine
- Naturdenkmal
- Turm / Mahnmal
- Museum / Freilichtmuseum
- Freizeitpark
- Hallenbad
- Freibad
- Spielplatz
- Wegkreuz, Marterl
- Windmühle, Wassermühle
- Grabhügel
- Aussichtspunkt
- Startpunkt
- Hauptroute, Richtungspfeil
- Steigung
- Abstecher
- Abkürzung, Alternative

Vorwort

Freizeit mit Kindern ist schön! Sie muss nur richtig geplant und vorbereitet sein! Die kostbaren gemeinsamen freien Tage sollen schließlich in Harmonie verlaufen. Es sollte keine einzige Kinderträne fließen, sondern nur fröhliches Kinderlachen zu hören sein. Dies zu bewerkstelligen, ist nicht immer ganz so einfach. Das eine Kind möchte in den Abenteuerpark, das andere Kind in ein Schloss. Schon sind die größten Diskussionen im Gange. Tja, und was nun?
Genau auf die Frage weiß dieser neue Reiseführer Antwort. Als zweifache Mutter habe ich meine lieben Kleinen eingepackt und bin die Ausflugstipps Schritt für Schritt abgefahren. Ich habe getestet, ob das Ziel besser für kleine Kinder oder große Kinder ist, ob man es mit Freunden oder lieber alleine erkunden sollte, ob es auch für Papas, Omas und Opas geeignet ist und ob der Ausflug am besten bei Regen, Schnee oder Sonne zu erleben ist.
Das Ergebnis ist eine Vielzahl von Tipps, die Spannung und Action, aber auch Ruhe und Besinnung vermitteln. Je nach Lust, Laune und Wetter kann individuell entschieden werden, welcher Ausflug am besten passt.
Die Vorschläge reichen vom Ostereimuseum über Hochseilgarten, Zahnradbahn, Schlösser und Erlebnisbadewelten bis hin zu Wanderpfaden, Kamelreiten und Skifahren auf der Schwäbischen Alb.

Alle aufgeführten Tipps haben, so empfanden es meine Kinder, das besondere Etwas, das einfach Spaß macht. Dies ist mit ein Grund dafür, dass einige Geheimtipps in und um Stuttgart aufgeführt sind, die keine „Klassiker" sind, aber den Kindern Spaß machen.
Selbst die stursten „Wanderneinsager" werden hellhörig, wenn sie vom Planetenwanderweg Gomadingen hören, wo die Sterne zum Greifen nah sind.
Bei den Museen steht das Anfassen und Ausprobieren an erster Stelle, und bei einem Bonbonmuseum, wo man auch noch Bonbons naschen darf, kann eigentlich kein Kind Nein sagen.

Die besten meiner getesteten Touren habe ich in den Reiseführer übernommen. Diese Tipps sind familienfreundlich und urlaubstauglich. Mit ausgeschlafenen, gut aufgelegten Kindern sollte der Tag zu einem schönen Erlebnis werden.
Der Humanist Ulrich von Hutten hat übrigens 1519 geschrieben: „Stuttgart ist der Name, den die Schwaben dem Paradies auf Erden gegeben haben."
In diesem Sinne wünsche ich Ihnen paradiesisch schöne Stunden in und um Stuttgart!

Ihre
Annette Epp

Zu Anfang einige Tipps

Ausflugsziele und Symbole

Die Auswahl der Ausflugsziele rund um Stuttgart ist so gestaltet, dass für jeden Geschmack, jedes Alter und jedes Wetter das Richtige dabei sein sollte. Ob der Ausflug zur Familienkonstellation passt, erfährt jeder Ausflügler durch die Symbole, die vorangestellt sind. Die Touren können als Tagesausflüge gestaltet werden oder nur wenige Stunden in Anspruch nehmen. Dies hängt nicht nur von den Interessen der Familien ab, sondern auch vom Alter der Kinder. Soweit vorhanden, sind bei den verschiedenen Ausflugszielen Einkehrmöglichkeiten angegeben, sodass man den Erlebnistag beliebig durch eine Rast verlängern oder kombinieren kann.

Öffnungszeiten

In der Regel sind die Öffnungszeiten der verschiedenen Einrichtungen angegeben und entsprechen dem Stand vom Februar 2008. Für die Richtigkeit können Autorin und Verlag allerdings keine Gewähr übernehmen, da sie sich erfahrungsgemäß ändern. Daher ist es empfehlenswert, sich vorsichtshalber unter den angegebenen Telefonnummern bzw. Internetanschriften zu erkundigen.

Eintrittspreise

Auch für die Eintrittspreise gilt der Stand Februar 2008. Die Angaben sollen einen Anhaltspunkt geben, in welcher Größenordnung die Kosten liegen.

Anfahrt

Bei den Anfahrtsbeschreibungen wurde Wert darauf gelegt, dass diese selbst zum Erlebnis werden können. Auto fahren kann schließlich jeder - wie wäre es also einmal, mit dem Zug zum Ziel zu fahren? Bei Exkursionen innerhalb der Stadt Stutt-gart wurde meist auf eine Pkw-Anfahrtsbeschreibung verzichtet, da die Sehenswürdigkeiten gut sichtbar ausgeschildert sind beziehungsweise gut per städtischem Bus oder Straßenbahn zu erreichen sind.

Tipp für eine Ruhepause

Wer auf der Suche nach ein paar stillen Stunden für sich und seine Kleinen ist, der sollte der Stuttgarter Buchhandlung Schiller einen Besuch abstatten. Nicht nur, dass man hier in aller Ruhe die neuesten Kinder-, Jugend- und Erwachsenenbücher findet, die Schiller Buchhandlung wurde sogar im Jahre 2005 zur besten Kinderbuchhandlung in Baden Württemberg gekürt. Die Arbeitsgemeinschaft von Jugendbuchverlagen zeichnet jährlich Buchhandlungen aus, die sich besonders für Kinder- und Jugendbücher einsetzen.

Seit Jahren engagiert sich die Buchhandlung für die Leseförderung: Lesungen in der Buchhandlung und in Schulen, Themenkisten oder Erstlesekisten oder eine Führung durch die Buchhandlung - das sind nur einige Beispiele.

Schiller Buchhandlung, Vaihinger Markt 17, 70563 Stuttgart, Tel. 07 11 / 35 41 16, www.schiller-buch.de, geöffnet: Montag bis Freitag 9 bis 19 Uhr und Samstag 9 bis 14 Uhr.

1 Bad Urach - Höhenfreibad

Keine Angst, für den atemberaubenden Ausblick des Höhenfreibads müssen Sie nicht extra zahlen, er ist im Eintritt enthalten. Denn in diesem Freibad ziehen nicht die Wasserbecken die Blicke auf sich, sondern das gesamte Ambiente der Anlage. Schließlich gehört sie zu den schönsten der Schwäbischen Alb. Das Höhenfreibad liegt geschützt von der mächtigen Burgruine Hohenurach auf einem sonnigen Plateau am Tiergartenberg, umrahmt von Kalkfelsen und schattigen Buchenwäldern. Der Blick geht über die Stadt Bad Urach hinaus und umfasst das herrliche Ermstal.

Badespaß mit Panoramablick.

Toureninfos:

Höhenfreibad Bad Urach
Am Tiergartenberg
72574 Bad Urach, Tel. 07125 / 81 84
www.bad-urach.de

Ab Mai täglich von 6:00 - 20:00 Uhr

Erwachsene 3,00 €
Kinder bis 17 Jahre 1,70 €

Ein Kiosk im Höhenfreibad bietet Lebensmittel, um den kleinen Hunger zu stillen.

Parkplätze sind beim Bad vorhanden.

Von Stuttgart kommend auf der B 27 Richtung Reutlingen, Abfahrt Metzingen nehmen. In Metzingen den Wegweisern Bad Urach folgen. In Bad Urach in der Nähe des Bahnhofs der Beschilderung Höhenfreibad folgen.

Doch neben Schauen und Staunen kann man natürlich auch noch Baden.

Das Familien-Sportbad bietet ein 50-Meter-Schwimmerbecken mit einer entsprechenden Sprunganlage. Bei wohligen 24 Grad macht das Wasser nicht nur Lust darauf, sportliche Bahnen zu ziehen, sondern auch, sich einfach dem Vergnügen hinzugeben.

Idylle auf der schwäbischen Alb.

Zwei Rutschen sind die großen Renner, die die Badegäste im Nichtschwimmerbecken bei Laune halten: eine 66 Meter lange Rutsche für den Nassspaß mit Power und die Breitrutsche für den Genuss zu zweit.

Für beste Kinderstimmung und Spaß ist in Bad Urach natürlich auch gesorgt: Ein Abenteuerspielplatz sowie zwei Planschbecken mit kleiner Kinderrutsche bieten dem Nachwuchs genügend Auswahl, um bei Laune zu bleiben.

Wer nach dem nassen Vergnügen immer noch Bewegungsdrang verspürt, der kann sich bei Beachvolleyball austoben oder zum Tischtennisschläger greifen und eine Runde Ping-Pong spielen. Das Zubehör hierfür kann kostenlos ausgeliehen werden. Ein wöchentliches Aquafitnessprogramm sorgt für die sportliche Abrundung, bevor sich jeder Freibadbesucher genüsslich und wohlverdient zum Erholen und Bräunen auf die Grünanlagen und Liegewiesen unter der Sonne Bad Urachs zurückziehen kann.

Tipp

Falls das Wetter dem geplanten Badespaß im Freibad einen Strich durch die Rechnung macht, in Bad Urach ist das kein Problem: Seit Dezember 2007 strahlen die neuen Bad Uracher Albthermen in neuem Glanz. Sechs Becken stehen auf verschiedenen Ebenen für den Badespaß bereit. Das Quellwasser ist zwischen 32 °C und 38 °C warm und wird aus einer Tiefe von 770 Metern gewonnen. Ob Meditationsbecken, Aromakammer oder Außenpool mit Panoramasicht auf die schwäbische Alb, die Bad Uracher Albthermen haben für jeden Geschmack etwas zu bieten.

2 Beuren - Freilichtmuseum Beuren

Im Museum gibt es viel zu entdecken!

„Ja, wo ist denn hier der Fernseher, der Computer, die Spülmaschine, die Badewanne?" Nirgendwo ..., so einfach ist die Antwort. Den Kindern bleibt vor Erstaunen der Mund offen stehen, wenn sie entdecken, wie ihre Altersgenossen vor 200 Jahren gelebt haben. Rund 22 original historisch erhaltene Gebäude dokumentieren das einfache, beschauliche Leben verschiedener Familien, Handwerker oder Bauern aus der Zeit früherer Jahrhunderte. Die Häuser stammen aus dem mittleren Neckarraum sowie der schwäbischen Alb. Sie wurden in ihrem originalen Zustand an ihrem ursprünglichen Standort abgetragen und im Frei-

Toureninfos:

Freilichtmuseum Beuren
In den Herbstwiesen, 72660 Beuren
Tel. 07025 / 91 19 00
www.freilichtmuseum-beuren.de

Ende März bis Anfang November
Dienstag bis Sonntag 9:00 - 18:00 Uhr (Einlass bis 17:30 Uhr). Montags ist Ruhetag, jedoch an Feiertagen geöffnet.

Erwachsene 4,50 €, Kinder ab 6 Jahren 2,50 €, Familienkarte 10,00 €

Die historische Gaststätte „Steinbüble" bietet schwäbische Hausmannskost.

Über den Museumsparkplatz und einen kurzen Fußweg erreicht man den Museumseingang nach ca. 500 Metern.

Das Museum ist erreichbar von der Autobahn (A 8) Stuttgart - München, Ausfahrt Kirchheim / Teck-Ost, Richtung Owen, Beuren. Die Wegstrecke ist ab der Autobahnabfahrt mit dem Museumslogo beschildert.

Mit dem Zug ab Stuttgart Hauptbahnhof mit der Regionalbahn R 8 bis Nürtingen und weiter mit der Tälesbahn R 82 bis Neuffen. Wer die historische Fahrvariante bevorzugt, der sollte mit dem historischen Museums-Dampfzug „Sofazügle" auf die Reise gehen. Das Zügle verkehrt von Mai bis Oktober jeden 3. Sonntag zwischen Nürtingen und Neuffen. Zurück vom Bahnhof Neuffen ins Freilichtmuseum Beuren geht es dann mit einem Bus.

lichtmuseum des Landkreises Esslingen in Beuren wieder aufgebaut. Weberhaus, Rathaus, Tagelöhnerhaus, Hühnerstall, Scheune, Waschhaus, Obstmühle oder Schweinestall: Die historischen Gebäude sind stumme Zeugen aus einer vergangenen Welt. Die Besucher erfahren zahlreiche überlieferte Details rund um die Häuser.

Doch viel interessanter sind die zahlreichen, stets wechselnden Mitmachaktionen und Veranstaltungen, die die Kinder dazu einladen, die Welt von anno dazumal kennen zu lernen. Wer kann sich denn zum Beispiel vorstellen, dass Puppen früher aus Stroh oder Lumpen gebunden wurden, dass aus Baumrinden kleine Schiffchen gebaut wurden und dass die Kinder sich die Zeit mit Stockschnitzen, Reifentreiben und Murmelnspiel vertreiben? Doch nicht nur Basteln und Spielen will gelernt sein, auch Backen und Waschen stehen im Angebot. Welches Kind weiß schon, dass dies nicht mit Waschmaschine und Elektroherd passiert, sondern das Feuer geschürt, Brotteig geknetet, Brötchen geformt beziehungsweise Waschzuber vorbereitet, Wasserkessel angeheizt, mit Waschbrett und Waschlauge gewaschen werden musste? Ein absolutes Muss bei einem Besuch im Freilichtmuseum Beuren ist eine „Einkaufstour" durch den

Einkaufen wie zu Omas Zeiten, das macht Freude.

Leben wie vor 200 Jahren.

alten „Tante-Helene-Laden". Hier gibt es die Dinge zu kaufen, an denen sich schon unsere Großeltern erfreut haben, oder Materialien, die für den Alltag vor 200 Jahren unerlässlich waren.

Abgerundet wird der erlebnisreiche Tag mit einem Abstecher in die Gaststätte „Steinbüble". Dessen rustikale Gaststube stammt aus dem Jahre 1726, der „barocke Saal" mit seiner Stuckdecke aus dem Jahre 1760.

Es ist ein breites Spektrum, das sich den Besuchern des Freilichtmuseums Beuren bietet und rund 80.000 Gäste zwischen März und November anlockt. Den Kindern bringt dieser Ausflug nicht nur eine Menge Spaß, sondern lässt sie auch in eine Welt eintauchen, in der man ohne Computer, Gameboy oder Fernseher glücklich sein konnte. Das Programm des Freilichtmuseums wechselt jährlich und hat viele interessante Veranstaltungen zu bieten.

Besonders viel Spaß macht es übrigens, seinen Kindergeburtstag in historischem Ambiente zwischen Schafen, Ziegen, Hühnern, Hasen, Gänsen und Weinbergschnecken zu feiern (Voranmeldung erforderlich).

Mitmachaktionen bieten viel Spaß im Freilichtmuseum.

3 Bietigheim - Bissingen Badepark Ellental

Auf die Plätze, fertig, los ... und ab geht die Post auf der größten Freirutsche Süddeutschlands, direkt hinein ins Badevergnügen!

Stolze 14,5 Meter ist die Rutschbahn hoch, insgesamt 158 Meter lang und ganz sicher die unangefochtene Attraktion des Freibads.

Während sich die etwas größeren Kinder stundenlang mit der Rutsche vergnügen können, haben Eltern und Kleinkinder genügend Möglichkeiten, sich anderweitig zu orientieren.

Die unterschiedlichsten Freibecken stehen für den Badespaß bereit: Im 25 mal 50 Meter großen Sportbecken lässt es sich so richtig ungestört sportlich kraulen und trainieren.

Ein Sprungbecken mit einem 1 m, 3 m und 5 m Springturm lädt die Akrobaten der Lüfte zum Springen und Tauchen ein.

Rauf auf die größte Freirutsche Süddeutschlands.

Toureninfos:

Badepark Ellental
Im Fischerpfad, 74321 Bietigheim-Bissingen, Tel. 07142 / 7 45 22

Anfang Mai bis in den Herbst:
Montag bis Donnerstag 9:00 - 21:00 Uhr, Freitag 6:00 - 21:00 Uhr, Samstag, Sonntag und Feiertag 8:00 - 21:00 Uhr
In den Sommerferien:
Montag, Dienstag, Donnerstag bis Sonntag, Feiertags 8:00 - 21:00 Uhr, Mittwoch und Freitag 6:00 - 21:00 Uhr

Tageskarte Erwachsene 4,00 €
Kinder von 6 - 17 Jahren 2,50 €

Eine überdachte Cafeteria und ein überdachter Grillplatz stehen für die Pause bereit.

Beim Parkplatz Ellental stehen 450 Plätze zur Verfügung.

Von Stuttgart aus mit der S 5 nach Bietigheim-Bissingen. Mit dem Auto über die A 81 Ausfahrt Bietigheim-Bissingen, zunächst Richtung Zentrum, dann der Beschilderung „Badepark Ellental“ folgen.

Was für ein herrlich spritziges Badevergnügen!

Bei 30 ° C warmem Wasser lässt es sich im Warmbecken sicherlich lange aushalten, die Massagedüsen und Luftsprudlerbank leisten ihren Beitrag zum Wohlfühlen.
Action ist im Wellenbecken angesagt, bei Wellen, die bis zu 1,20 Meter hoch sind, heißt es hüpfen, springen, tauchen und schwimmen.
Für Schwimmanfänger stehen Nichtschwimmerbecken bzw. ein Baby-Planschbecken bereit. Auch kleine Wasserratten können ihren Rutschspaß bekommen, schließlich führen zwei kleinere Rutschen ins Nichtschwimmerbecken und eine Rutsche ins Baby-Planschbecken. Ein Spielplatz, Tischtennisplatten, Streetball sowie ein Feld für Beachvolleyball stehen für eine Schwimmpause bereit, in der man durch viel Bewegung die Badekleidung wieder trocken bekommen kann.

Tipp

Eine Besonderheit macht das Freibad Ellental für Familien besonders attraktiv: Die Liegewiesen sind in unterschiedliche Bereiche unterteilt. So können sich die etwas größeren Badegäste im „Jugendbereich" mit ihresgleichen vergnügen, während sich die Babys und Kleinkinder samt Eltern oder Großeltern im „Mutter-Kind-Bereich" sicherlich geborgener fühlen. Ein dritter Bereich ist nicht genau definiert, hier dürfen sich alle Altersgruppen kunterbunt durcheinander tummeln und Spaß haben.

4 Böblingen - Fleischereimusem

Wo kommt die Wurst her? Doch nicht von mir ...?

Toureninfos:

Deutsches Fleischereimuseum
Am Marktplatz 27, 71032 Böblingen
Tel. 07031 / 66 94 73, www.boeblingen.de

Ganzjährig Dienstag 10:00 - 12:00 Uhr
und 14:00 - 19:00 Uhr
Mittwoch bis Freitag 10:00 - 12:00 Uhr
Mittwoch, Donnerstag 14:00 - 17:00 Uhr
Samstag 14:00 - 17:00 Uhr
Sonntag und Feiertage 11:00 - 17:00 Uhr
Am 24., 25., 31. Dez. sowie am Karfreitag bleibt das Museum geschlossen

Für Kinder kostenlos, Erwachsene 2,50 €

Parkmöglichkeiten in unmittelbarer Nähe zum Museum stehen nur begrenzt zur Verfügung.

Von Stuttgart über die A 81 Richtung Singen, Ausfahrt Böblingen. Richtung Zentrum / Marktplatz, dann der Ausschilderung Fleischereimuseum folgen.

Ab Stuttgart Hauptbahnhof mit der S-Bahn S 1 Richtung Herrenberg bis zum Bahnhof Böblingen.

Hier geht es im wahrsten Sinne des Wortes um die Wurst. Wie wird eigentlich Wurst gemacht? Warum ist die eine Wurst hell, die andere dunkel, die eine weich und die andere hart? Das sind Fragen, die gerne von Kindern gestellt werden und uns Eltern meist in Erklärungsnot bringen. Wer kann es schon wirklich genau erläutern, wie die Wurst in die Pelle kommt?

Präzise Antworten auf diese Fragen erhalten alle Interessierten in Deutschlands einzigem Fleischereimuseum in Böblingen. Aufgegliedert in verschiedene Themenbereiche erfahren die Besucher nahezu alles über Wurst und Fleisch. Besonders spannend für Kinder ist der Ausstellungsbereich „Produktion und Verkauf". In einer alten Wurstküche von 1900 wird anschaulich demonstriert, wie das Fleisch zur Wurst gemacht wird. Die produzierte Wurst wiederum muss verkauft werden, was normalerweise in einem Laden an der Verkaufstheke geschieht. Deshalb sind diesem Ausstellungsbereich zahlreiche hübsche Modelle von Verkaufstheken mit früheren Gerätschaften und historischen Preisschildern zugeordnet. Sie präsentieren

4

einen Querschnitt durch die Jahrhunderte, angefangen von 1400 bis einschließlich 1900. Unschwer zu erkennen: Nicht nur die Wurstproduktion hat sich im Laufe der Zeit verändert, sondern auch die Ladeneinrichtungen entsprechen dem Geschmack der verschiedenen Epochen.

Auf den verschiedenen Stockwerken des Museums, das übrigens in einem alten Vogtshaus aus dem 16. Jahrhundert untergebracht ist, wurden noch viele andere Aspekte der Fleischerei aufgegriffen. So wird die geschichtliche Entwicklung des Fleischerhandwerks erläutert, verbunden mit entsprechenden Meisterbriefen, Zunftfahnen, Pokalen und Prunkgefäßen. Eine Menge Bilder und Karikaturen sowie ausgestellte Messer, Beile oder Wiegemesser zeigen das Handwerkszeug des Fleischers. Der Bereich „Ernährung und Gewürze" gibt der Ausstellung die richtige Würze.

Historische Kulisse für wurstige Themen.

Das Angebot ist groß. Welchen Schinken nehme ich heute?

5 Böhringen - Landwirtschaftlicher Erlebnispfad

Wie kommt der Weizen in das Brot?

Toureninfos:

Der Erlebnispfad ist eine Initiative des Vereins zur Förderung von Landwirtschaft und Verbraucherschutz in Römerstein.
1. Vorsitzender: Herr Wilfried Holder
Tel. 07382 / 54 56
www.erlebnispfadboeringen.de

Die Länge des Weges ist ca. 2 km. Der Erlebnispfad liegt südwestlich von Römerstein-Böhringen, am Fuß des Mönchbergs.

Von Stuttgart über die B 27 Richtung Reutlingen, Ausfahrt Reutlingen, in Reutlingen die B 28 Richtung Ulm nehmen, Abfahrt Römerstein-Böhringen, hier den Wegweisern „Landwirtschaftlicher Erlebnispfad" folgen. Ausgangspunkt: Parkplatz Albstadion in Römerstein-Böhringen.

Was hat eigentlich ein kleines Getreidekorn mit meinem Pausebrot zu tun? Was ist der Unterschied zwischen Gerste, Roggen und Weizen? Was wird daraus produziert, und was ist eigentlich das Lieblingsessen von Kühen?
Wenn bunte und interessante Fragen aufkommen, sollte eine Wanderung entlang des Erlebnispfads in Böhringen auf dem Programm stehen. Das Schöne an diesem rund 2 km langen Weg ist, dass nahezu alle Fragen beantwortet werden. Anhand von acht Stationen erfahren die wissbegierigen Wanderer den Weg von der Aussaat des Korns über sein Wachstum, die Ernte bis hin zur Verarbeitung und zum Verkauf. Jeder Arbeitsschritt des Landwirts ist detailliert und anschaulich erklärt, sodass die Kinder jede Handlung eigenständig nachvollziehen können. So dürfen die kleinen Besucher selbst auch Hand anlegen, wenn es zum Beispiel heißt „Samen und Aussaat". An dieser Station ist ein so genanntes Samenfühlspiel aufgebaut, bei dem das richtige Fingerspitzengefühl zählt.

5

„Wege und Beläge" ist der Titel einer weiteren Station. Hier wird erst einmal anständig gekichert, wenn es heißt „Schuhe ausziehen, diese Station wird barfuß erforscht"! Doch schnell vergeht das Gelächter, denn nun heißt es Augen schließen, blind weiterlaufen und mit den Fußsohlen fühlen. Mithilfe eines Seils, an dem sich jeder festhalten darf, werden die verschiedensten Bodenbeläge erforscht und beurteilt.

Wer weiß eigentlich, was ein Steinriegel ist und was dieser mit Landwirtschaft zu tun hat? Wenn keiner die richtige Antwort kennt, dann bringt die Station „Steinriegel" die entsprechende Lösung. Passend dazu kann man auch hier aktiv sein Wissen erweitern, denn der Bau eines solchen Steinriegels steht auf dem Programm.

Frage-Antwort Spiele machen Spaß!

Der landwirtschaftliche Weg ist in seiner Art einmalig in Deutschland. Erklärtes Ziel ist es, den oft ahnungslosen Besuchern mehr Wissen und Verständnis für die Landwirtschaft zu vermitteln und die komplexen natürlichen Zusammenhänge zu erläutern.

Es gibt auf dem Weg viele ausführliche Informationen rund um das Thema Getreide.

6 Ebhausen / Rotfelden - Kamelhof Rotfelden

Wohin zieht die Karawane?

Wer hat nun eigentlich zwei Höcker, das Dromedar oder das Kamel? Oder war es vielleicht das Trampeltier, das Lama, das Guanako, das Vikugna oder das Alpaka? Ja, was sind denn das für Tiere? Sollen das alles Kamele sein? Stimmt genau, diese Tiere gehören alle zur Familie der Kamele. Der Beweis dafür ist auf dem Kamelhof Rotfelden anzutreffen. Hier tummeln sich bis zu 90 Tiere dieser verschiedenen Kamelarten und entführen mit ihrem Aussehen, ihren Bewegungen und Geräuschen in die Welt aus Tausendundeiner Nacht.

Beim ersten Kontakt mit den Tieren steht man den langhalsigen Geschöpfen doch respektvoll gegenüber. Ein Blick in die großen, sanften braunen Augen lässt aber schnell erahnen, welch gutmütigen Vierfüßler dies sind. Sie lassen sich streicheln, liebkosen, umarmen, bürsten und drücken. So ist es nicht verwunderlich, dass die Tiere inzwischen auch im Rahmen einer therapeutischen Maßnahme mit behinderten Menschen zusammengeführt werden, ähnlich wie bei der Delfintherapie.

Dass man auf dem Kamelhof nicht nur streicheln und schauen darf, sondern auch reiten kann, ist natürlich selbstverständlich. Entweder schwingen sich die Besucher auf den Rücken der Tiere, um auf der Koppel ihre Runden zu drehen, oder sie melden sich für einen Ausritt durch die Wiesen und Wälder an. Der Ausritt geht über eine Strecke von etwa vier Kilometern und dauert eine gute Stunde.

Für Nachwuchs ist auf dem Kamelhof gesorgt.

6

Das Kamel kann Personen bis zu 90 kg transportieren. Will ein Kind nicht alleine reiten, sollte das Gesamtgewicht von zwei Personen insgesamt nicht mehr als 110 kg betragen.
Zahlreiche Informationstafeln und Diaschauen berichten den Besuchern von den verschiedenen Kamelgattungen, ihrer Herkunft, ihren Lebensweisen, was sich unter den Höckern versteckt, wie sie sich an die verschiedenen Witterungsverhältnisse anpassen, warum sie so lange Wimpern haben, und, und, und.

Streicheln ist erlaubt und macht Spaß.

Wer Glück hat und zur rechten Zeit am rechten Ort ist, kann in Rotfelden vielleicht auch die Geburt eines Kamelbabys beobachten; seit Bestehen des Hofs gab es schon über 120. Entzückend anzusehen ist der Nachwuchs mit seinen langen staksigen Beinen und dem gierigen Blick, wenn Fütterungszeit ist und das Babyfläschchen in Sichtweite kommt.

Toureninfos:

Kamelhof Rotfelden
Kamelweg 1, 72224 Ebhausen-Rotfelden
Tel. 07054 / 81 25, www.kamelhof.de

Mittwoch bis Sonntag und an Feiertagen
13:00 - 17:00 Uhr (Einlass)
Der Aufenthalt auf dem Kamelhof ist bis 18:30 Uhr möglich. Dienstag ist reserviert für Behinderten-Kindergarten und Krabbelgruppen. Am Montag ist der Kamelhof geschlossen, während der Ferien in Baden-Württemberg ist er täglich geöffnet.

Erwachsene 5,00 €, Kinder (4 - 16 Jahre) 1,50 €, Familienkarte 12,00 €
Reiten in der Koppel:
Erwachsenen 2,00 €, Kinder 1,50 €
Ein Ausritt kostet 25,00 € pro Person, dabei ist der Eintrittpreis enthalten.

Es stehen Grillplätze zur Verfügung.

Parkplätze direkt beim Kamelhof.

Von der Autobahn Stuttgart - Singen, Abfahrt Herrenberg, auf der B 28 durch Herrenberg, weiter auf der B 28 an Nagold vorbei durch Rohrdorf. Kurz hinter dem Ortseinfahrtsschild „Ebhausen" von der B 28 runter, Richtung Mindersbach. Auf der Höhe kurz vor Mindersbach trifft man auf die Kreisstraße K 4338, hier Richtung Wart. Ca. 100 m hinter den Gebäuden der Rotfelder Ziegelhütte kommt der Kamelhof. Folgende Eingaben für das Navigationssystem: Kamelweg, 72224 Ebhausen.

Mit dem Zug erreicht man Nagold (ca. 10 km) und Wildberg (ca. 6 km). Unter der Woche fährt ein Bus zwischen dem Nagolder Busbahnhof sowie Wildberger Bahnhof und dem Kamelhof.

7 Esslingen - Landesbühne Esslingen, Junge WLB

Mitten im Herzen der Esslinger Altstadt steht das Schauspielhaus der Württembergischen Landesbühne (WLB), wo jedes Jahr in der (Vor-)Weihnachtszeit ein Kinderstück auf der großen Bühne zu sehen ist. Schon viele Figuren aus bekannten Kinderbüchern und Märchen wurden dort im Scheinwerferlicht lebendig: „Die kleine Hexe", „Jim Knopf", „Aladin und die Wunderlampe" oder anlässlich von Astrid Lindgrens 100. Geburtstag „Karlsson vom Dach". In unmittelbarer Nähe des Schauspielhauses - nur zwei Ecken weiter - befindet sich das Kindertheater am Blarerplatz: eine weitere Spielstätte der WLB, wo Zuschauer das Bühnengeschehen „hautnah" miterleben können. Aber nicht nur in der Weihnachtszeit, sondern das ganze Jahr über, mit Ausnahme der Theaterferien im Frühjahr und Sommer, steht das sechsköpfige Ensemble der Jungen WLB auf der Bühne und erzählt Kindern zwischen vier und zwölf Jahren mit den Mitteln der Theaterkunst Geschichten aus aller Welt. Das Programmspektrum umfasst Kinderbuchklassiker, Romanbearbeitungen, Erzähltheater und Stücke zeitgenössischer Autoren voll Spannung, Abenteuer und Fantasie. Unter der Woche füllen am Vormittag Schulklassen die Zuschauerreihen, an den Wochen-

„Jasper Kaspert" v. l.: Jördis Johannson (die Gute Fee), Beatrice Boca (Jasper)

7

enden und Feiertagen finden um 16:00 Uhr Familienvorstellungen statt. Für regelmäßige Theatergänger und solche, die es werden wollen, bietet die WLB für zwei verschiedene Altersgruppen jeweils ein Kinder-Abo mit entsprechender Stückauswahl zu einem besonders günstigen Preis an, das auch von erwachsenen Begleitpersonen gebucht werden kann. Als besonderes Highlight spielt die WLB zum Saisonabschluss im Sommer neuerdings auch für Kinder ein Freilichttheaterstück vor historischer Stadtkulisse.

Nils Hillebrand als Schorsch, der Clown in „Drachentod und Käsebrot".

Toureninfos:

i Württembergische Landesbühne Esslingen (WLB), Das Schauspielhaus Esslingen, Strohstr. 1, 73728 Esslingen
Das Kindertheater am Blarerplatz
Spritzengasse 8, 73728 Esslingen
Tel. Theaterkasse 0711 / 35 12 30 44
www.wlb-esslingen.de
e-mail kasse@wlb-esslingen.de

Theaterkasse: Montag geschl., Dienstag bis Freitag 10:00 - 13:00 Uhr, 16:00 - 18:30 Uhr, Samstag 10:00 - 13:00 Uhr,
Spielzeit: Sept. bis Juli siehe Spielplan (spielfreie Zeit in der Regel eine Woche um Ostern und in den Sommerferien)

€ Kindertheater am Blarerplatz:
Erwachsene 6,00 €, Kinder 3,50 €
Schauspielhaus:
Erwachsene 8,00 €, Kinder 4,00 €,
Kinder-Abo I (5 - 7 J.), Kinder-Abo II (8 - 12 J.): 4 Stücke für 12,00 €
Für erwachsene Begleitpersonen gibt es das Kinder-Abo I und II für nur 20,00 €.

P Parkmöglichkeiten für das Schauspielhaus sowie das Kindertheater bestehen im Parkhaus Ecke Ritterstraße/Kiesstraße.

Über die B 10 Ausfahrt Esslingen Mitte Vogelsangbrücke überqueren Richtung Stadtmitte links abbiegen in die Ritterstraße.

H S 1 (Richtung Plochingen) oder Regionalbahn (z. B. Richtung Tübingen) Haltestelle Esslingen, vom Bahnhof rechts Neckarstraße entlang, dann links in die Pliensaustraße (Fußgängerzone) abbiegen, immer geradeaus über die Innere Brücke bis zur Ritterstraße (Postmichelbrunnen) rechts die Ritterstraße entlang dann links in die Küferstraße und wieder links in Strohstraße abbiegen.

Junge WLB!

8 Esslingen - Nymphaea

Dies ist ein Tierpark, der zu jeder Jahreszeit einen Besuch wert ist und der für nahezu alle Alterstufen Attraktionen bietet.

Ein rund 800 Meter langer Weg führt die Besucher durch diese natürlich gewachsene Zoolandschaft in Esslingen. Vier Seen liegen dabei auf der Strecke, die nicht nur schön anzusehen, sondern auch mit den unterschiedlichsten Tieren besiedelt sind. Stundenlang könnte man die fast bewegungslosen Schildkröten beobachten, wie sie faul in der Sonne liegen oder sich auf einem Holzstück im Wasser treiben lassen. Wesentlich lauter und bewegter geht es bei den Enten und Gänsen zu, die immer wieder zwischen den Seen, Bäumen und Blumen mit lautem Geschnatter vorbeiwatscheln.

Vom „Geschnattere" geht es zum „Gemeckere", im Ziegenstall. Der Zaun um das Gehege ist relativ niedrig, sodass jedes Kind das eine oder andere Zicklein streicheln oder auch mit Popcorn füttern kann. Aber Achtung, wenn der Ziegenansturm zu heftig wird, könnten kleinere Kinder erschrecken.

Popcorn gibt es übrigens gleich am Eingang bei der Kasse zu kaufen. Auf dem 2,9 ha großen Gelände sind auch große Tiere zu sehen. Wie wäre es mit einem Besuch bei den Nutrias, den Hängebauchschweinen, Eseln, Ponys, Schafen oder dem Damwild? Stolze Hirsche präsentieren ihre Geweihe und lassen während der Brunftzeit hören, wer Herr im Freigehege ist!

Toureninfos:

i Aquarien- und Terrarienverein Nymphaea
Nymphaeaweg 12, 73730 Esslingen am Neckar, Tel. 0711 / 31 43 90
www.tierpark-nymhaea.de

April bis September:
Montag bis Freitag 10:30 - 18:00 Uhr,
Samstag und Sonntag 10:00 - 18:00 Uhr
Oktober bis März:
Montag bis Mittwoch 11:00 - 17:00 Uhr
Freitag bis Samstag 11:00 - 17:00 Uhr
Sonntag 10:00 - 17:00 Uhr, Donnerstag geschlossen. In den Sommerferien ist der Tierpark täglich ab 10:00 Uhr geöffnet.

€ Erwachsenen 2,00 € (Oktober bis März)
2,50 € (April bis September)
Kinder bis 6 Jahre freier Eintritt
Kinder 7 - 14 Jahre 0,50 € (Oktober bis März), 0,70 € (April bis September)

Zur Einkehr stehen das Vereinsheim und ein Biergarten bereit, jeder kann aber auch seine Würstchen bei einer Grillstelle selbst zubereiten.

P Parkplätze stehen direkt beim Tierpark zur Verfügung.

Mit dem Pkw über die B 10, Ausfahrt Esslingen-Zell, auf der Dieter-Roser-Brücke in den Nymphaeaweg.

H Von Stuttgart mit der S-Bahn bis Bahnhof Oberesslingen, zu Fuß Richtung Eisenbahn über die Holzbrücke entlang des Fußwegs am Neckar an Eisbahn und Kraftwerk vorbei.

In diesem Tierpark gibt es immer etwas zu entdecken.

In Volieren sind Rosenkopfpapageien, Wellensittiche, Finken und viele andere exotische Vögel untergebracht. Auch das Terrarium darf bei einem Besuch des Tierparks nicht vergessen werden: Schlangen, Mäuse und ähnliche kleine Tierarten können hier bewundert werden. Auch die noch kleineren Tiere stoßen bei den Besuchern auf Interesse; so ist der Lehrbienenstand nicht nur von Bienen umlagert, sondern auch von wissbegierigen kleinen Nachwuchsimkern.

Wer nach so vielen tierischen Eindrücken eine Pause braucht, ist beim Kiosk am Eingangsbereich genau richtig. Während die Eltern in Ruhe eine Tasse Kaffee trinken können, erkunden die Kinder den Spielplatz und toben hier weiter. Denn wir wissen ja alle, Kinder und Pause? Fehlanzeige!

Tipp

Ein ganz besonderes Highlight hat der Tierpark Nymphea am Sonntag für alle Ponyfans zu bieten: Es stehen Ponys bereit, für eine Reitrunde im Park.

9 Fellbach - Hochseilgarten

In dieser Höhe ist äußerste Konzentration gefragt.

Möchten Sie lieber einen Schwung wie Tarzan machen, einmal auf dem Cat Walk gehen oder an der Affenschaukel baumeln? Einen Froschsprung wagen, Chicken Run oder Postman's Walk ausprobieren? Auf rund 4000 qm ist im Fellbacher Hochseilgarten so ziemlich alles geboten, was hoch hinaus geht, interessant klingt und den Besuchern ein Kribbeln im Magen verursacht. Insgesamt 14 verschiedene Parcours stehen den abenteuerhungrigen Besuchern offen. Der unterste Parcours des Hochseilgartens lässt die großen und kleinen Kletterer auf bis zu 4,50 m Höhe aufsteigen, die so genannte Himmelsleiter geht mit 10 m Höhe schon eher in die Richtung „Oh, das ist aber ganz schön weit oben ..."! Aber keine Angst, jeder Gast wird mit Gurt und Seil und mindestens zwei Sicherungen vor jeglicher Gefahr bewahrt. Einzige Bedingung bei Nutzung von Kindern: Sie müssen entweder 10 Jahre alt oder 1,40 m groß sein. Vorkenntnisse sind nicht erforderlich, eine gute sportliche Verfassung genügt vollkommen.

Wer den Hochseilgartengipfel mühsam, aber mit viel Spaß erklommen hat, der möchte natürlich auch wieder runter. Und das geht bekanntlich einfacher als aufsteigen. Möglichkeit eins ist es, die „Abseilwand" wie ein Profi abzusteigen.

Der Adrenalinspiegel steigt! Nur Fliegen ist schöner.

Bitte nicht daneben treten!

Die zweite Möglichkeit hat vielleicht noch mal einen zusätzlichen „Kick" parat: Auf 50 m Höhe sorgt „Flying Fox" für einen temporeichen Abgang, lautes Schreien inklusive.

Das Schöne am Hochseilgarten Fellbach ist, dass man hier nicht nur einige Stunden, sondern einen kompletten Tag verbringen kann. Zahlreiche andere Freizeitmöglichkeiten sind im und um den Hochseilgarten geboten bzw. werden von den Betreibern organisiert: Tennis, Mountainbiken, Geburtstagsfeiern und vieles mehr. Abgeschlossen wird der Tag mit einem gemütlichen Würstchengrillen oder Spanferkelbraten. Wen es am Abend noch immer in den Fingern juckt, der kann sich nochmals in den Seilen versuchen, denn mit einer modernen Flutlichtanlage versehen, ist sogar spät am Abend Klettern möglich.

Toureninfos:

Hochseilgarten Fellbach
Nurmiweg 8, 70736 Fellbach Schmiden
im Stadiongelände Schmiden
Tel. 0711 / 951 93 90
www.hochseilgarten-fellbach.de

Die Preise richten sich nach den individuellen Gruppierungen, deshalb ist vor dem Besuch in Fellbach eine Kontaktaufnahme mit dem Team des Hochseilgartens nötig. Entweder über: info@hochseilgarten-fellbach.de oder Projektleiter Rainer Rückle Tel. 0172 / 711 28 34

Im Vereinsheim, direkt am Hochseilgarten, ist das Bistro STADIO untergebracht.

Parkmöglichkeiten bestehen direkt beim Hochseilgarten.

B 14 Richtung Fellbach / Waiblingen Ausfahrt Fellbach, hier der Ausschilderung zum Hochseilgarten Fellbach folgen.

Tipp

Wer gar nicht mehr nach Hause mag, kann sein Zelt beim Hochseilgarten aufbauen, dort die Nacht verbringen und am nächsten Tag gleich nochmals hoch hinauf steigen und in 10 Metern Höhe den Sonnenaufgang beobachten ...

10 Freiberg / Neckar - Jumpinn GbR Indoorspielplatz

Jacken ausziehen, Schuhe runter, Indianergeschrei anstimmen und ... los geht's und rein ins Getümmel!

Auf über 2000 qm präsentiert sich den kleinen Gästen ein Spielparadies, bei dem Kinderträume wahr werden. Nun, zuerst geht es allerdings um die berühmte Qual der Wahl. Wie soll man sich denn entscheiden können, wenn man doch am liebsten alles auf einmal macht? Mit einem Sprung in den Ballpool zu beginnen ist immer eine gute Idee. Bälle so weit das Auge reicht, oben, unten, hinten und vorne, dem trockenen Badespaß steht nichts im Wege. Passend zum Ballpool könnte danach ein Besuch bei der Titanic-Riesenrutsche auf dem Programm stehen.

Also nichts wie hin zum berühmten Schiffsdampfer, in Windeseile hinaufgestiegen zur Reling, und schon geht die Post ab, Rutschvergnügen pur ist angesagt. Keine Angst, sinken kann die Titanic in Freiberg auf keinen Fall!

Hier geht die Post ab, wer ist der Schnellste?

Ein Bad im Bällepool tut gut!

Konzentration und Reaktionsvermögen sind hingegen bei Airhockey gefordert. Zu zweit gilt es den Gewinner der Geschicklichkeit zu küren. Flinke Beine brauchen die Kids in der Abteilung Minifußball. Doch wer in die Fußstapfen von Ballack und Co. treten will, hat das entsprechende Ballgefühl und trifft in jedes Fußballtor, egal ob Mini oder Maxi.Orientierungssinn zahlt sich im Riesenlabyrinth aus. Wer einmal drinsteckt, kommt so schnell nicht mehr heraus ...Hüpfen, bis die Puste ausgeht darf man auf den Trampolinen und der Megahüpfburg.
Auch für die ganz Kleinen ist natürlich in Freiberg bestens gesorgt. Ein Kleinkinderbereich bietet ungestörten Spielspaß für die jüngsten Gäste. Riesenlabyrinth, Megahüpfburg, Trampoline, Fahrzeugpark ist nur für sie reserviert.

Toureninfos:

i Jumpinn
Wasenstraße 35, 71691 Freiberg am Neckar
Tel. 07141 / 27 17 40
www.jumpinn-freiberg.de

Montag bis Freitag 14:00 - 19:00 Uhr
Samstag, Sonntag, Feiertag sowie Ferientage 10:30 - 19:00 Uhr, für die kleinen Gäste bis 5 Jahre ist der Indoorspielplatz von 10.00 - 13.00 Uhr geöffnet.

€ Montag bis Freitag:
Erwachsene 2,00 €
Kinder ab 2 Jahren 5,00 €
Samstag, Sonn- und Feiertag sowie Ferientage:
Erwachsene 3,00 €, Kinder 6,00 €
Spezialpreise für die kleinen Gäste bis 5 Jahre (in der Zeit von 10:00 - 13:00 Uhr):
Erwachsene 1,50 €, Kinder 4,00 €

Jumpins Bistro sorgt für kindergerechte Verpflegung.

P Kostenlose Parkplätze sind in der Nähe des Eingangs ausreichend vorhanden.

Der Indoorpark ist über die A 81 Ausfahrt Freiberg zu erreichen.
In Freiberg ist der Park ausgeschildert.

H Mit der S 4 Haltestelle Freiberg/ Bahnhof, danach ist der Park zu Fuß erreichbar, es gilt der Beschilderung zu folgen. Die Buslinie 459 fährt ebenfalls nach Freiberg, von der Haltestelle Beihingerplatz sind es zu Fuß zum Spielplatz noch ca. 500 m.

Bitte nicht stören, wir bauen unser Spielhaus.

In der Röhre ist die Pause eine runde Sache.

11 Giengen - Die Welt von Steiff

Hereinspaziert, hier ist meine Bärenwelt.

„Wie kommt denn eigentlich der Knopf ins Ohr? Tut das meinem Teddy weh?" Wichtige Fragen, die ein kleiner Teddybärbesitzer stellt. Antworten darauf bekommt er im Steiff-Museum im schwäbischen Giengen an der Brenz.

Am 23. Juni 2005 eröffnete dort - pünktlich zum 125-jährigen Firmenjubiläum - das Steiff Museum mit Erlebnischarakter und animierten Traumwelten für die ganze Familie. Über 2.000 entzückende Steiff Tiere finden hier auf einer Gesamtfläche von 2.400 qm ein neues Zuhause. Verteilt auf drei Ebenen wird die Geschichte des Steiff-Teddybären und der Margarete Steiff GmbH liebevoll in Szene gesetzt. Skifahrende Pinguine, tanzende Fische oder nachgestellte Märchenszenen sind sowohl für Kinder als auch für Erwachsene und Sammler ein faszinierendes Erlebnis.

Wahlweise auf Deutsch, Englisch oder Japanisch begeben sich die Besucher mit dem Teddybären „Knopf" und seiner

Freundin „Frieda“ in einer interaktiven 22-minütigen Tour auf die Suche nach 3.000 verschollenen Teddybären. Diese sollten eigentlich nach Amerika verschifft werden, sind dort aber nie angekommen. Ob man sie wohl jemals finden wird?
Im Anschluss haben die Besucher die Möglichkeit, die faszinierende und einzigartige Produktvielfalt von Steiff kennen zu lernen. Bei der Schaufertigung kann man miterleben, wie in aufwendiger Handarbeit und mit viel Liebe zum Detail Schritt für Schritt ein original Steiff-Tier entsteht.

Ein wahrer Blickfang ist das Museumsgebäude.

Tipp

Schon das Museumsgebäude an sich ist ein wahres Erlebnis. Es besticht durch seine harmonische, elliptische Form und ist nicht nur für Architekturliebhaber eine wahre Augenweide.

Toureninfos:

„Die Welt von Steiff“
Margarete-Steiff-Platz 1, 89537 Giengen
Telefon 01805 / 13 11 01
die-welt-von-steiff@steiff.de

„Die Welt von Steiff“ ist täglich* geöffnet:
April bis Okt. von 09:30 - 19:00 Uhr
Nov. bis März von 10:00 - 18:00 Uhr

*geschlossen an folgenden Feiertagen: 1. November, 25. und 26. Dezember, 1. Januar, Karfreitag. Am 24. Dezember und am 31. Dezember hat „Die Welt von Steiff“ bis 13:00 Uhr geöffnet .

Erwachsene 8,00 €, Steiff Club-Mitglieder frei, bis 18 Jahre / Schüler 5,00 €, Kinder bis 6 Jahre frei, Gruppenpreis (ab 20 Personen) 5,00 € pro Person, Familienkarte (bis zu 3 Kindern) 20,00 €
Behinderte, Senioren und Studenten erhalten auf den Grundpreis eine Ermäßigung von 1,00 €
Kindergeburtstage, Firmenveranstaltungen sowie Tagungen organisiert „Die Welt von Steiff“ gerne für Sie.

Das Bistro Knopf steht für eine kleine Pause bereit.

Ein Besucherparkplatz befindet sich direkt neben dem Museum.

Die „Welt von Steiff“ ist mühelos über die A 7 / A 8 zu erreichen.

Bahnreisende können über Ulm bzw. Aalen ebenfalls direkt nach Giengen gelangen. Die „Welt von Steiff“ ist 3 Gehminuten vom Bahnhof entfernt.

12 Gomadingen - Planetenwanderweg

Die Planeten zeigen den Wanderern den richtigen Weg.

Welches Kind hat nicht schon mindestens einmal im Leben beschlossen, Pilot oder Astronaut zu werden? Über der Erde zu schweben und scheinbar auf Tuchfühlung mit dem Universum und den Planeten zu sein?
Nun, wenn es mit der Astronautenkarriere nicht so klappen mag wie geplant, dann gibt es in Gomadingen eine echte Alternative, den Planeten nahe zu sein: den Planetenwanderweg. Sozusagen in Überschallgeschwindigkeit gelangen die Wanderer von der Sonne über Merkur, Venus, Erde, Saturn, Uranus, Neptun bis zur Landung auf dem Mars. Entlang des Weges verschaffen Planetenmodelle im

Toureninfos:

Planetenwanderweg Gomadingen
Tourist-Info Tel. 07385 / 96 96 33
www.gomadingen.de

Die Gesamtwanderzeit kann bis zu 6 Stunden dauern

Parken beim Sportplatz, Ödenwaldstetter Straße

Karlsruhe - A 8 - Ausfahrt Stuttgart-Degerloch - B 27 und B 312 über Reutlingen bis auf die Alb. Vor Kleinengstingen links ab nach Gomadingen.

Maßstab 1:1 Milliarde einen Überblick über die wichtigsten Sterne am Himmel. Ausgangspunkt des Ausflugs ist bei einem nicht zu übersehenden 1,40 m großen Sonnenmodell am Fuße des Sternbergs. Die kleineren Planeten Merkur, Erde, Venus, Mars folgen auf der Wegstrecke relativ schnell, sie sind direkt beim Sportplatz zu finden. Weiter geht es zum Gomadinger Rathaus; hier verdient Jupiter ein kurzes Hallo, schließlich ist er der größte Planet des Sonnensystems. Der Weg, der übrigens anhand von Schildern sehr deutlich ausgewiesen ist, führt weiter ins Bermannstal, wo am Parkplatz Saturn zu finden ist. Auf der Strecke zu Uranus ist eine Pause fast schon obligatorisch, denn welches Kind kann am Haupt und Landesgestüt Marbach vorbei, ohne mindestens ein Pferd gestreichelt zu haben? Hinter der Marbacher Gestütsgaststätte ist Uranus zu finden. Eine kurze Pause bietet sich hier auch deshalb an, weil die nächste Wanderetappe mit dem Ziel Neptun die längste Strecke ist. Haben die Wanderer das Landesgestüt Marbach verlassen, geht die vorgegebene Richtung über den Schelmenbühl zur Hanfsamenbuche, die schon auf der Gemarkung von Dapfen zu finden ist. Den krönenden Abschluss bildet der äußerste Planet unseres Sonnensystems, Pluto. Er steht über dem Lautertal und belohnt die Mühen der langen Tour mit einem herrlichen Blick auf die Lauter. Eine Bank steht für eine Rast samt Picknick bereit. Der Planetenweg ist hier zu Ende, insgesamt 9,8 km Wegstrecke wurden bewältigt. Gut ausgeruht geht es dann wieder 7,5 km zurück. Der ausgewiesene Weg geht über Dapfen entlang des Burgenwegs zurück nach Gomadingen.

Infotafeln verschaffen Einblick in die Welt der Sterne.

Tipp

Bevor es losgeht, sei gesagt: Nicht nur im wahren Leben dauert der Flug zum Mond eine lange Zeit, auch zu Fuß kann die Wanderung rund um die Planeten tatsächlich einige Stunden dauern. Für kleinere Kinder könnte dies anstrengend werden, zumal es auch bei Ermüdungserscheinungen auf der gesamten Strecke keine öffentlichen Verkehrsmittel zum Ausweichen gibt. Wichtig ist es, an entsprechenden Proviant und dem Wetter entsprechende Kleidung zu denken.

13 Herrenberg - Glockenmuseum

Jede Glocke hat einen Klang, der aus verschiedenen Tönen besteht.

Toureninfos:

Glockenmuseum Stiftskirche Herrenberg
www.glockenmuseum-stiftskirche-herrenberg.de

April bis Oktober:
Mittwoch 14:30 - 17:00 Uhr
Samstag 14:30 - 18:30 Uhr
Sonn- und Feiertag 11:30 - 17:00 Uhr
November bis März:
Mittwoch 14:30 - 16:00 Uhr
Samstag 17:00 - 18:30 Uhr
Sonn- und Feiertag 14:30 - 16:00 Uhr

Erwachsene 2,00 €, Kinder 1,00 €

Parkmöglichkeiten bestehen auf dem Stadthallenparkplatz. Nach wenigen Minuten Fußmarsch ist die Stiftskirche erreicht.

Herrenberg liegt an der Bahnlinie der „Gäubahn" Stuttgart - Gingen - Zürich.

S 1 Stuttgart-Herrenberg

Schon von weitem ist das Glockenmuseum hoch oben im Turm der Stiftskirche nicht zu übersehen und vor allem nicht zu überhören! Denn ein richtiges Glockenmuseum hat selbstverständlich läutbare Glocken, was so viel heißt wie: Die Glocken, die zu jeder Viertelstunde beziehungsweise ganzen Stunde in ganz Herrenberg zu hören sind, können auch besichtigt werden. Aus ursprünglich fünf Herrenberger Glocken, die zu bestaunen waren, wurden im Laufe der Zeit über 30 Stück, die aus Deutschland, Österreich und der Schweiz zusammengetragen wurden. Die Stiftskirche Herrenberg besitzt damit das umfangreichste Kirchengeläut in Deutschland. Die Geschichte der ausgestellten Stücke geht über 1200 Jahre zurück.

Interessant, nicht nur für die Kinder, sind die ausführlichen Informationen rund um die einzelnen Glocken und ihre Bestimmung. Wer weiß denn schon, dass es eine eigene „Läuteordnung" gibt? Dass die „Primglocke" um 9:00 Uhr den Tagesbeginn aufzeigt, das Kreuzigungsläu-

In Herrenberg finden regelmäßig Glockenkonzerte statt.

ten um 11:00 Uhr mit der „Kreuzglocke" durchgeführt wird, die „Mittagsglocke" um 12:00 Uhr in Bewegung kommt, die „Schiedglocke" um 15 Uhr läutet und die „Betglocke" um 18:00 Uhr?

Große Ohren bekommen die Kinder, wenn sie erfahren, dass eine Glocke nicht nur einen Ton, sondern einen Klang hat, der sich aus verschiedenen Tönen zusammensetzt.

Das Glockenmuseum ist im Wahrzeichen Herrenbergs, der Evangelischen Stiftskirche St. Marien, gebaut im 13. Jahrhundert, untergebracht. Zu erreichen ist das Museum im Kirchturm, der in seiner jetzigen Form aus dem Jahr 1749 stammt, über 146 Stufen.

Regelmäßige Glockenkonzerte mit wechselndem Programm finden jeden ersten Samstag im Monat von 17:00 - 18:00 Uhr statt. Im Anschluss an das Konzert wird von 18:00 - 18:10 Uhr der Sonntag mit dem „Gesamtgeläut" eingeläutet.

Die Primglocke läutet um 9 Uhr zum Tagesbeginn.

14 Kornwestheim - Schulmuseum Nordwürttemberg

Vor dem Herrn Schulmeister hatten alle Kinder Respekt.

➤ Toureninfos:

Schulmuseum Nordwürttemberg
Schillerstraße 13, 70806 Kornwestheim
Tel. 07154 / 16 100 oder 07154 / 202 74 01
www.schulmuseum.kornwestheim.de

Samstag und Sonntag 14:00 – 17:00 Uhr
wochentags nach Anmeldung

Der Eintritt ist frei.

Parkplätze stehen in der Nähe des Museums zu Verfügung.

Von Stuttgart die B 27 Richtung Kornwestheim / Ludwigsburg, Ausfahrt Kornwestheim Mitte / Ost, dann den Wegweisern zum Schulmuseum folgen.

Beim Betreten des historischen Klassenzimmers blickt man respektvoll zum alten Herrn Schulmeister, der schon an der Tafel steht und mit dem Unterricht beginnen möchte. Platz nehmen ist hier übrigens erlaubt, denn wann hat man schon die Gelegenheit, hinter den alten hölzernen Schulbänken im Unterricht zu sitzen, wie Oma und Opa es vor vielen Jahren taten? Die originalgetreue Unterrichtssituation aus der Jahrhundertwende macht deutlich, dass anno dazumal ein „anderer Wind" in den Schulhäusern wehte. Strafen wie auf Holzscheiten in der Ecke knien, mit einer Eselsmütze auf einem hölzernen Esel sitzen oder mit dem Rohrstock Strafschläge zu bekommen, waren an der Tagesordnung. Was bei Kindern heutzutage für ungläubiges Gekicher sorgt, ist bei den älteren Generationen sicherlich noch schmerzlich im Gedächtnis. Die „schulische Zucht und Ordnung" ist aber nur ein Thema von vielen, die auf 500 qm verteilt im Schulmuseum Nordwürttemberg zu sehen sind. Über 14.000 Ausstellungsstücke zeigen den Kindern von heute, wie die Kinder von damals gelernt haben: Mit Schiefertafeln, Gänsekiel und Griffel wurde geschrieben, von Tintenfüller, Buntstiften und ähnlichen Dingen war man noch weit entfernt. Auch die ausgestellten Unterrichtsmaterialien wie Bilderbücher, Gesangsbücher, Lesefibeln, Stundenpläne, Hefte, Schulranzen für Mädchen und Jungs und vieles mehr geben einen detaillierten Einblick in die Geschichte der schulischen Entwicklung vom Zeitalter der Reformation bis in die heutige Zeit.

Zur Einstimmung auf einen Besuch des Schulmuseums noch ein Auszug aus der Württembergischen Schulordnung von 1559: „Da aber in etlichen deutschen Schulen nicht allein die Knaben, sondern auch die Döchterlein zur Schule geschickt werden, so wollen wir, dass in solchen Schulen die Kinder abgesondert; die Knaben allein - und die Döchterlein auch besonders gesetzt und gelehrt werden, und der Schulmeister keineswegs gestatte, untereinander zu laufen oder miteinander unordentliche Gesellschaft zu haben."

Hier drückten schon unsere Großeltern die Schulbank.

15 Leinfelden-Echterdingen - Spielkartenmuseum

Das ist wirklich ein Museum, in dem man Stunden verbringen kann: 500.000 einzelne Spielkarten können sich die Besucher anschauen, das entspricht rund 15.000 Kartenspielen. Das Spielkartenmuseum stellt in Europa die größte Spielkartensammlung aus, die für jedermann zugänglich ist. Die Karten stammen aus fünf verschiedenen Kontinenten und umspannen sieben Jahrhunderte Zeitgeschichte.

Nur Kartenspiele, die man ansehen kann, mag sich ein Kind nun denken? Keine Angst, das wird nicht langweilig, denn Kartenspiel ist nicht gleich Kartenspiel. Es ist unglaublich, welch unterschiedlichste Motive auf den Karten abgebildet sind: von filigranen Damen des 18. Jahrhunderts über Tiere, Burgen, Pflanzen, Autos, Musikinstrumente, Märchen, Themen der Bibel, Uniformen, und, und, und. Die bekannteste und weltweit wahrscheinlich schönste Sammlung des Museums, stellt die asiatisch-indische Spielkartensammlung dar. Sehr spannend ist auch das ausgestellte Material über Wahrsage- oder Zauberkarten. Na, wem mag es wohl gelingen, den einen oder anderen Kartentrick zu durchschauen?

Doch neben vielen Karten zum Bestaunen gibt es natürlich auch lehrreiche Informationen dazu. Denn wer hätte schon gewusst, dass das Kartenspiel wohl ursprünglich aus China kommt und dort

Wer hat Lust auf ein Spiel?

Toureninfos:

Spielkartenmuseum
70771 Leinfelden-Echterdingen
Schönbuchstr. 32
Tel. 0711 / 756 01 20
www.spielkartenmuseum.de

Das Museum ist ganzjährig geöffnet von Donnerstag bis Samstag 14:00 - 17:00 Uhr an Sonn- und Feiertagen 11:00 - 17:00 Uhr

kostenloser Eintritt

Parkmöglichkeiten bestehen vor dem Museum.

Von Stuttgart kommend über die B 27 Ausfahrt Leinfelden-Echterdingen.

S 2 und S 3, Stadtbahn U 5, Haltestelle „Leinfelden"; Buslinien 35 und 36, Haltestelle „Spielkartenmuseum".

bereits im 7. und 8. Jahrhundert praktiziert wurde? Oder wer hätte geahnt, dass Kartenspiele nicht immer nur eckig und auf Papier gedruckt sein müssen, sondern auch aus Elfenbein, Metall oder Leder bestehen können mit einer runden oder ovalen Form? Ja, und dass in einem Spielkartenmuseum sämtliche Spielregeln und Fachausdrücke erklärt werden, das versteht sich ja von selbst. Die Ausrede „Ich kannte die Regeln nicht" gilt nach dem Museumsbesuch definitiv nicht mehr.

Die Kartenvielfalt ist beeindruckend!

Das Museum umfasst neben den Karten auch zahlreiche Spieltische, Druckstöcke oder Kartenpressen - ein interessanter Einblick für die Besucher, wie aufwendig sich die Kartenproduktion früher gestaltete und wie sie sich im Laufe der Jahrhunderte verändert hat.

Wechselnde Sonderausstellungen beschäftigen sich mit einem speziellen Thema; dazu werden entsprechende Führungen und spezielle Veranstaltungen angeboten. Auch für Kinder gibt es ein breites Angebot von Spielenachmittagen.

Historische Ausstellungsstücke kombiniert mit Spielimpressionen.

16 Ludwigsburg - Schloss Ludwigsburg

Das Leben als Prinzessin muss wunderbar sein!

Prinzessinnenherz - was willst du mehr? Prachtvoll steht es da, eines der größten erhaltenen Barockschlösser überhaupt: Schloss Ludwigsburg. Mit 452 Zimmern, auf 18 Gebäude verteilt, zieht es die kleinen und großen Besucher geradezu magisch an. Doch wo beginnen und wo aufhören? Nicht nur, dass das 1704 erbaute Schloss die herrlichen Privaträume des Herzogs Carl Eugen beherbergt, im Schloss sind ebenso ein Keramikmuseum, ein Modemuseum und eine Barockgalerie untergebracht. Die ehemaligen Räume des Herzogs bestechen mit ihrem originalen Inventar und geben Einblicke in eine private Welt der gekrönten Häupter. Im Keramikmuseum sind über 70.000 Ausstellungstücke verschiedenster Größen und Couleur zu betrachten, das Modemuseum entführt durch eine virtuelle Modenschau in die Kleiderwelt des 18. Jahrhunderts. Die Barockgalerie beeindruckt mit Werken italienischer und deutscher Künstler aus dem 17. und 18. Jahrhundert.

Doch das „Schwäbische Versailles", wie das Schloss liebevoll umschrieben wird, hat noch ein weiteres Highlight auf Lager: einen 32 Hektar großen Park, heute unter „Blühendes Barock" bekannt. Dieser ist die Spielstätte des jährlichen Schlossfestivals und lockt über die Sommermonate Zehntausende von Besuchern in die Schlossanlage. Nicht nur außergewöhnliche Blumenvariationen und betörende Düfte ziehen Groß und Klein

Toureninfos:

Schloss Ludwigsburg, Schlossstraße 30
71634 Ludwigsburg, Tel: 07141/182004
www.schloss-ludwigsburg.de

Die Besichtigung des Schlosses ist nur im Rahmen einer Führung möglich. Mitte März bis Mitte November finden Führungen laufend von 10:00 - 17:00 Uhr statt. Der letzte Führungsbeginn ist um 17:00 Uhr.
Mitte Nov. bis Mitte März finden Führungen an folgenden Terminen statt:
Montag bis Freitag 10:30 Uhr, 11:45 Uhr, 13:30 Uhr, 15:00 Uhr und 16:00 Uhr
Samstag, Sonn- und Feiertag 10:30 Uhr, 11:45 Uhr, 12:00 Uhr und von 13:00 - 16:00 Uhr alle 30 Minuten
Die Museen sind von Mitte März bis Mitte Nov. Dienstag bis Sonntag von 10:00 - 18:00 Uhr geöffnet. Mitte Nov. bis Mitte März Dienstag bis Sonntag von 10:00 - 17:00 Uhr. Blühendes Barock ist von Ende März bis Anfang Nov. 7:30 - 20:30 Uhr geöffnet, der Märchengarten 9:00 - 18:00 Uhr

Residenzschloss Ludwigsburg mit Führung:
Erwachsene 6,00 €, Kinder 3,00 €
Familienkarte 15,00 €
Museumstour (mit Audioguide):
Erwachsene 6,00 €, Kinder 3,00 €
Familienkarte 15,00 €
Blühendes Barock:
Tageskarte Erwachsene 7,00 €, Kinder 3,30 €
Familienkarten (Eltern + 1 Kind) 16,50 €, ab 2 Kindern 18,50 €

Im Blühenden Barock: Restaurant Parkcafé und Cafeteria am Rosengarten. Im Schloss Ludwigsburg ist eine Cafeteria untergebracht.

Von Stuttgart auf der B 27 kommend Abfahrt Ludwigsburg-Süd, rechts auf die Schwieberdinger Straße bis zur B 27 (Stuttgarter Straße) links auf die B 27 in der Mittelspur einreihen (Richtung Heilbronn), durch den Tunnel durchfahren und weiter zum Haupteingang des Schlosses.

Von Stuttgart fährt die S 4 und die S-5 nach Ludwigsburg. Ab Busbahnhof fahren die Linie 421, 427, 430, 443 oder 444 bis zur Haltestelle Residenzschloss.

Parkmöglichkeiten bestehen im Parkhaus Marstall / Schlossgarage .

in ihren Bann, auch ein nostalgischer Spielplatz und ein Märchengarten warten geradezu darauf entdeckt zu werden. Über 40 liebevoll aufgebaute Märchenszenen, durch die sich ein echter „Märchenfluss" schlängelt, begeistern die Kinder. Egal ob Froschkönig, Rapunzel, Hänsel und Gretel oder Rotkäppchen, jede Figur erzählt ihre Geschichte.

Besonders hervorzuheben ist der historische Spielplatz, der im blühenden Barock zu finden ist. Wie vor Jahrhunderten stehen originalgetreu nachgebildete bunt verzierte Karussells und Schaukeln (bis zu 6,30 m hoch) sowie ein kleines Riesenrad mit vier Gondeln für die Gäste bereit. Wer glaubt, Mamas und Papas haben auch damals schon die Sprösslinge angeschubst, täuscht sich sehr, denn früher wurde dies selbstverständlich von der Dienerschaft übernommen. Der Antrieb des Karussells fand übrigens unterirdisch statt. In einem Keller mussten Gefangene das Karussell so lange drehen, bis die gewünschte Geschwindigkeit erreicht war.

Historische Spielgeräte inmitten des Parks.

17 Wildgehege Meßstetten

Das ist aber ein großes Tier!
Ein Glück, dass der Zaun da ist!

Toureninfos:

Wildgehege Meßstetten
Ludwig-Uhland-Straße 25
72469 Meßstetten
www.wildgehege-messstetten.de

Das Wildgehege kann ganzjährig besucht werden.

Der Eintritt ist frei.

Ein Kiosk direkt beim Wildgehege hält Pommes, Currywurst und alles, was schnell geht, bereit.

Parkmöglichkeiten bestehen rund um das Wildgehege .

Meßstetten erreicht man am besten von Stuttgart über die B 27, Abfahrt Albstadt. Von Albstadt, Ortsteil Ebingen, auf der L 433 nach Meßstetten, der Wildpark ist ab der Ortseinfahrt ausgeschildert.

Auf einem über 200.000 qm großen Freigehege geht es in Meßstetten im wahrsten Sinne des Wortes „tierisch" zu. Denn hier sagen sich nicht nur Fuchs und Hase gute Nacht, sondern auch Fasane, Pfaue, Wildschweine, Dam- und Rotwild. Auf einem Wanderweg, der rund um das Wildgehege führt, können nahezu alle Tiere entdeckt werden. Wer sich z. B. vor einer der verschiedenen Volieren ganz besonders um einen Pfau bemüht, hat vielleicht Glück und bekommt ein wunderschönes Rad geschlagen. Die so genannten Oberschwanzdeckfedern des Pfaus, die das Rad bilden, können übrigens bis zu 150 cm lang sein. Das Dam- und Rotwild fasziniert mit seinen Geweihen, die zum Teil so groß und imposant sind, dass die kleinen Besucher instinktiv einen Schritt vom Gatter zurückweichen, wenn ein neugieriger Hirsch zur Begrüßung kommt.

Weniger beängstigend ist die Zeit zwischen Februar und April, denn da werfen die Tiere ihre Geweihe ab, und der neue Kopfschmuck muss erst wieder nach-

Das Wildgehege eingebettet in die schwäbische Alb.

wachsen. Ein anderes Naturschauspiel ist zwischen Oktober und November zu sehen und vor allem zu hören: die Brunft. Die Brunftschreie der Hirsche sind wahrlich imposant. Dass das weibliche Damtier dazu nicht Nein sagen kann, lässt sich am besten ab Mai bis Anfang Juli beweisen, denn in dieser Zeit erblickt der kleine Nachwuchs das Licht der Welt.

Ebenfalls niedlich anzusehen ist der Nachwuchs der Wildschweine, die so genannten Frischlinge, die meistens im März zur Welt kommen. Ein großes Hallo ruft bei den Besuchern der „Wildschwein-Familienausflug" in Richtung Schlamm und Dreckpfütze aus. So ein richtiges Vollbad im Dreck ist nicht nur herrlich belebend, sondern vertreibt auch lästiges Ungeziefer. Wenn alle Tiere des Wildgeheges entdeckt wurden und noch Zeit bleibt, lohnt sich ein Abstecher auf den Spielplatz. Hier können sich große und kleine Kinder nochmals nach Herzenslust austoben. Wer den Tag auch in der freien Natur beenden möchte, kann bei der großzügig angelegten Grillstelle seinen Proviant auspacken, das Feuer anschüren und die Grillwürstchen auflegen. Guten Appetit!

Kurze Spielpause nach all den tierischen Eindrücken.

18 Sigmaringen - Schloss Sigmaringen

Einst als Burganlage erbaut, präsentiert sich Schloss Sigmaringen heute als fürstliches Residenzschloss mit Türmchen, Erkern und Terrassen. Bei einer Führung lernen die Besucher das Schloss des Fürsten von Hohenzollern und die fast 1000-jährige Geschichte des Hauses kennen. Prachtvoll ausgestattete, über Jahrhunderte erhaltene Residenz- und Prunksäle beeindrucken mit ihrer Schönheit. Prinzen und Prinzessinnen haben dort gelebt, gefeiert und andere hoheitlichen Gäste empfangen.

Tipp

Im Schloss Sigmaringen gibt es ein Jahresprogramm für spezielle Kinder- und Themenführungen. Hier werden besondere Themen, Räume und Gegenstände präsentiert, welche in den täglichen Führungen nur angedeutet werden können. Auch kleine Besucher können regelmäßig die Schlossgeheimnisse während Kinderführungen aufspüren. Die Spurensuche geht dabei vom Mittelalter bis in die Neuzeit und deckt alle Facetten des höfischen Lebens ab. Für alle Führungen sind auch Sondertermine möglich.

Toureninfos:

Schloss Sigmaringen
Karl-Anton-Platz 8, 72488 Sigmaringen
Tel. 07571 / 729 230
schloss@hohenzollern.com
www.schloss-sigmaringen.de

Nov. bis Feb. 10:00 bis 15:30 Uhr
März und April 9:30 bis 16:30 Uhr
Mai bis Okt. 9:00 bis 17:00 Uhr
geschlossen am 24./25./31 Dez.
1. Jan. und Faschingsdienstag
Von Mitte Okt. bis Mitte April:
Dienstag bis Sonntag 10:00 - 17:00 Uhr.
Mitte April bis Mitte Okt. :
Montag 13:00 - 17:00 Uhr
Dienstag bis Sonntag 10:00 - 17:00 Uhr
In der Zeit von 20. Dez. bis 17. Jan. ist das Museum geschlossen

Familienkarten:
1 Erwachsener und 2 Kinder, 9,50 €
2 Erwachsene und 1 Kind 13,00 €
2 Erwachsene und bis 4 Kinder 15,00 €
Erwachsene 6,00 €, Kinder bis 5 Jahre Eintritt frei, Kinder von 6 - 18 Jahre 2,80 €

Parkmöglichkeiten sind beim Schloss vorhanden.

Von Stuttgart auf der B 27 in Richtung Tübingen / Hechingen / Balingen, Ausfahrt Balingen die B 27 verlassen und auf die B 463 Richtung Albstadt. In Albstadt-Ebingen der B 463 folgen, Richtung Winterlingen / Sigmaringen, in Sigmaringen der Ausschilderung „Schloss" folgen.

Welch imposantes Bild, die Nordansicht des Schlosses!

Aber auch die Kanonenhalle, die Hubertushalle und die große Waffenhalle, die einer Rüstkammer mit über 3.000 Exponaten gleicht, sind Bestandteil jeder Besichtigung. Ein weiterer Höhepunkt des Schlossbesuchs ist ein Abstecher in das Fürstliche Kunstmuseum mit seinen mittelalterlichen Objekten sowie in das Museum zum fürstlichen Reisealltag.

Die Trophäensammlung in der Hubertushalle.

19 Sonnenbühl-Erpfingen - Ostereimuseum

Eier in den unterschiedlichsten Farben.

Ei, ei, ei, ja was ist denn das? Ja, es sind Eier, Eier und nochmals Eier, die die Besucher in Deutschlands einzigem Ostereimuseum erwarten. Egal ob kleine Finkeneier, größere Hühnereier oder große Straußeneiner, Tausende Eier in den abwechslungsreichsten Farben und Prägungen stehen im ehemaligen Sonnenbühler Schulhaus bereit, um in hübsch dekorierten Schaukästen bestaunt zu werden.

Mit einem Rundgang entlang der unterschiedlichen Vitrinen begibt man sich zugleich auf eine Reise durch verschiedene Länder und Kulturen. Wertvolle Ostereier aus Russland beeindrucken mit Ikonenmalereien, bunte Scherenschnitte verzieren die Eier aus Polen.

Toureninfos:

Ostereimuseum
Steigstr.8, 72820 Sonnenbühl-Erpfingen
Tel. 07128 / 774
www.sonnenbuehl.de

Anfang März bis Pfingstmontag:
Dienstag bis Samstag 10:00 - 17:00 Uhr
Sonntag und Feiertag 11:00 - 17:00 Uhr

Pfingstdienstag bis Anfang Nov.:
Sonntag von 13:00 - 17:00

Karfreitag bis Ostermontag:
täglich 11:00 - 17:00 Uhr
Montag geschlossen

Erwachsene 3,00 €
Kinder ab 6 Jahren 2,00 €
Familienkarte 8,00 €

Parkplätze stehen beim Museum zur Verfügung.

Aus Stuttgart über die B 27 Richtung Reutlingen, Abfahrt Reutlingen, in Reutlingen über die B 312 nach Pfullingen, dann die L 382 in Richtung Genkingen und über die Stuhlsteige nach Sonnenbühl. Das Ostereimuseum ist ausgeschildert.

Staunen lösen die ungarischen Ostereier aus, sind diese doch tatsächlich mit kleinen Hufeisen beschlagen. Viele zauberhafte Eier erhielten ihr Aussehen von deutschen Händen, schließlich ist das Brauchtum des Eierverzierens noch in der Lausitz und in Hessen zu finden.

Auch die Geschichte des Eis bzw. des Osterbrauchtums ist ein wesentlicher Bestandteil des Museums. Ausführliche Informationen tragen zum Verständnis der so unterschiedlichen Ausstellungsstücke bei.

Kleine Kostbarkeiten im Ei-Format.

Das Ostereimuseum ist selbstverständlich nicht nur an Ostern geöffnet, sondern während des ganzen Jahres. Doch lohnt es sich ganz besonders, um die Osterzeit vorbeizuschauen, denn fünf Wochen lang findet dann ein internationaler Künstlermarkt statt. Zweimal im Jahr lockt das Museum außerdem mit wechselnden Sonderausstellungen. In einem kleinen Museumsshop kann man nicht nur einige Repliken der ausgestellten Eier kaufen, sondern natürlich auch genügend andere Dekorationsutensilien, um den heimischen Osterstrauch in diesem Jahr besonders hübsch zu schmücken.

Tierische Motive in Handarbeit auf das Ei gemalt.

20 Sonnenbühl
Feriendorf Sonnenmatte

Egal ob Seifenkistenrennen, Brotbacken, Lagerfeuer, Gruselnachtwanderungen, Kreativangebote, Feriendorffeste, Musikabende oder Kanufahrten, im Feriendorf Sonnenmatte ist immer etwas geboten.

Umrahmt von herrlichen Blumenwiesen und Wäldern inmitten der Schwäbischen Alb, heißt es für Familien den Urlaub und die freie Zeit genießen und einfach entspannen.

Sobald die Koffer ausgepackt sind und der Proviant verstaut ist, heißt es „raus in die Natur" und das Umfeld erkunden. Kinder werden sich im Feriendorf rundherum wohl fühlen, denn wie sollte jemals Langeweile aufkommen, bei einem ganzjährigen Angebot.

Während sich die ganz kleinen Gäste beim Kleinkinderspielhaus vergnügen, haben auch die größeren Kids ihren eigenen Sammelpunkt: Der Jugendtreff „Container" steht bereit für eine coole Verabredung oder ein erstes Kennen lernen.

Toureninfos:

i Feriendorf Sonnenmatte
Sonnenmatte 51, 72820 Sonnenbühl
Tel. 07128 / 9 29 90
www.die-sonnenmatte.de

Im Restaurant Sonnenmatte lässt sich gut speisen.

→ Von Stuttgart auf die B 27 Richtung Reutlingen / Tübingen, Abfahrt „Reutlingen", den Schildern Pfullingen und dann Sonnenbühl folgen, die „Steige" von Pfullingen nach Sonnenbühl-Genkingen, in Genkingen links (Schild Feriendorf Sonnenmatte), in Undingen links (Schild Feriendorf Sonnenmatte), ganz durch Erpfingen ohne abzubiegen durch, am Ortende links den Berg hoch (siehe Schilder).

Dass das Engagement der Sonnenmatte-Betreiber honoriert wird, zeigt, dass die „Sonnenmatte" Preisträger im Wettbewerb Familienferien ist.

21 Stuttgart - Schloss Solitude

Auf Schloss Solitude gibt es für Groß und Klein einiges zu entdecken, z. B. bei der interaktiven Erlebnisführung für Kinder und Schulklassen. Hier werden Tierfelle und Tierstimmen erraten und verborgene Räume hinter versteckten Türen entdeckt. Neben der Weitergabe von spannenden Informationen stehen das Ansprechen aller Sinne und das Schlüpfen in verschiedene Rollen im Mittelpunkt. Der Streifzug speziell für Familien durch die prunkvollen Räume zeigt, mit welchen Kostbarkeiten Herzog Carl Eugen sein Freizeitparadies einrichtete. Gemeinsam mit Franziska von Hohenheim kann das Lustschlösschen erkundet werden. Intensiver in die Schlossgeschichte eintauchen - dies ermöglichen die Kinderprojekte im Schloss, die Themen wie Tanzen und Spielen, beides beliebte Freizeitbeschäftigungen des Herzogs, in den Mittelpunkt stellen. Beim Kindergeburtstag flanieren die kleinen Hofdamen und Kavaliere prächtig gekleidet durch die prunkvollen Räume und versammeln sich im Ovalsaal des Schlosses zum höfischen Kaffeekränzchen.

➤ Toureninfos:

i Schloss Solitude, westlich der Stadt
Solitude 1, 70197 Stuttgart
Tel. 0711 / 69 66 99, Fax 0711 / 6 20 50 51
info@schloss-solitude.de
www.schloesser-und-gaerten.de
www.schloss-solitude.de

April bis Okt.: Dienstag bis Samstag
9:00 - 12:00 Uhr und 13:30 - 17:00 Uhr
So und Feiertage 9:00 - 17:00 Uhr
Nov. bis März: Dienstag bis Samstag
13:30 - 16:00 Uhr, Sonn- und Feiertage
10:00 - 16:00 Uhr

€ Erwachsene 3,30 €, Ermäßigte 1,70 €
Familien 8,20 €, Gruppen ab 20 Personen
3,00 €, Kinder- und Familienprogramm
separat

Im Schlosscafé lässt es sich gut einkehren.

P Parkmöglichkeiten am Schloss.

H Buslinie 92, Haltestelle Solitude

22 Stuttgart – Linden-Museum, Staatliches Museum für Völkerkunde

Das Lindenmuseum Stuttgart mit Informationen aus der ganzen Welt.

80 Tage braucht man vielleicht nicht, um die komplette Welt des Linden-Museums Stuttgart zu erkunden. Aber einen ganzen Tag sollte jeder einplanen, um dort eine Reise rund um den Globus zu machen.

Die Abteilungen Afrika, Nord- und Lateinamerika, Orient, Ost- und Südasien und Ozeanien entführen in fremde Lebensbereiche dieser Erde. Die Besucher erleben die Schönheit und Faszination der verschiedenen menschlichen Kulturen. Afrikanische Masken, traditionelle Kleidung, zahlreiche Bilder und Filme, eine nachgebaute orientalische Bazar-

Tipp

Spannende Einzelprogramme werden in den Schulferien für Kinder ab acht Jahren angeboten. Ein besonderes Erlebnis ist auch der Kindergeburtstag im Linden-Museum: Das Geburtstagskind kann sich ein Thema wünschen und dann zusammen mit Freundinnen und Freunden eine Ausstellung entdecken.

straße oder fremdartige Schmuckstücke fördern die Neugier auf fremde Länder und das Verstehen anderer Lebensweisen. Für die ganze Familie ist die Reihe „Die weite Welt in Worten" gedacht - eine Geschichtenerzählerin spielt Erzählungen von weit her, die nahegehen.

Die Landeshauptstadt Stuttgart hat viele Attraktionen zu bieten.

➤ Toureninfos:

i Linden-Museum Stuttgart
Staatliches Museum für Völkerkunde
Hegelplatz 1, 70174 Stuttgart
Tel. 0711 / 202 23,
www.lindenmuseum.de

Dienstag bis Sonntag 10:00 - 17:00 Uhr
Mittwoch 10:00 - 20:00 Uhr
Montag geschlossen
Führungsbuchung:
Dienstag 13:00 - 17.00 Uhr und
Mittwoch 9:00 - 14:00 Uhr
Tel. 0711 / 20 22-579
Fax 0711 / 20 22 590
fuehrung@lindenmuseum.de

€ Erwachsene € 3,00, Kinder € 2,00, bis 13 Jahre frei, freier Eintritt Mittwoch 17:00 - 20:00 Uhr

Im Restaurant „Hegel Eins", kann der Museumsbesucher eine Pause einlegen.

P In unmittelbarer Nähe befinden sich die Tiefgaragen des Katharinenhospitals und der Liederhalle.

H Das Linden-Museum befindet sich etwa 10 Gehminuten vom Stuttgarter Hauptbahnhof entfernt. Vom Hauptbahnhof aus halten die Buslinien 40 (Richtung Vogelsang) und 42 (Richtung Schreiberstraße) direkt am Linden-Museum (Haltestelle Hegelplatz / Linden-Museum). Vom Stuttgarter Hauptbahnhof aus gilt es den Hinweisschildern zum Katharinenhospital zu folgen, dies befindet sich auf der rechten Seite der Kriegsbergstraße. Die Kriegsbergstraße mündet nach wenigen hundert Metern im Hegelplatz, an dem das Linden-Museum liegt.

23 Stuttgart - Neckar Käpt'n

Spannung, Spaß und viele lehrreiche Informationen, dies garantiert eine Fahrt mit dem Neckar-Käpt'n entlang des Neckars.
„Leinen los", und das Vergnügen kann beginnen: So zum Beispiel, wenn Brigitte Hennrich mit den jungen Künstlern aus ihrem Talentstall zu Gast an Bord ist und für Stimmung sorgt. Oder wenn zur Weihnachtszeit der Nikolaus an Bord kommt. Er fährt mit den Kindern in den Stuttgarter Hafen, verteilt kleine Geschenke und singt mit ihnen.
Eine Schifffahrt auf dem Neckar ist aber nicht nur spannend und lustig, sondern auch lehrreicher, als man meint. Den Neckar nur als Transportweg zu sehen,

Eine Schifffahrt auf dem Neckar ist immer lustig.

Toureninfos:

Neckar-Personen-Schiffahrt
Berta Epple GmbH + Co KG
70376 Stuttgart
Tel. 0711 / 54 99 70 60
Fax 0711 / 54 99 70 80
www.neckar-kaeptn.de
Anlegestelle Wilhelma

Die Schiffe verkehren von 1. Mai bis Ende Oktober auf folgenden Strecken: Stuttgart - Marbach, Marbach - Besigheim, Stuttgart - Hessingheim

Entlang der Strecke kann an 13 Anlegestellen zu- oder ausgestiegen werden.

Die genauen Fahrtzeiten, Preise und Sonderfahrten können dem aktuellen Fahrplan entnommen werden.

Generell gilt, Kleinkinder bis 3 Jahre in Begleitung ihrer Eltern frei. Kinder von 4 bis einschl. 13 Jahre halbe Preise. Geburtstagskinder sind bei Linienfahrten Gast des Neckar Käpt'n.

Plus-Tage: Dienstag und Freitag (außer an Feiertagen) versüßt der Neckar Käpt'n die Rückfahrkarte Stuttgart - Marbach mit Kaffee und Kuchen.

auf dem Güter von den Seehäfen an der Nord- und Ostsee bis ins schwäbische Plochingen transportiert werden, hieße, diese Lebensader gründlich zu verkennen.

Denn der Neckar und seine Nebenflüsse sind auch wichtige ökologische Knotenpunkte.

Doch über Industrie, Industriebau und Verkehrstechnik kann man ebenfalls viel lernen, während man Schleusen, Wehre, Häfen und Brücken passiert.

Die Schifffahrten auf dem Neckar sind ideal kombinierbar mit einem Besuch im Rosenstein-Museum für Naturkunde oder mit einem Besuch bei den Tieren und Pflanzen der Wilhelma.

Volle Fahrt voraus!

Tipp

Es gibt neue Anlegestellen: am Wasen mit attraktiven Parkmöglichkeiten auch für Busse, am NeckarPark / Mercedes-Benz Welt mit kurzen Wegen zum Mercedes-Benz Museum, der Porsche-Arena, dem SpoOrt Stuttgart, dem Daimler-Stadion und dem Carl Benz Center. In Untertürkheim zu Wanderungen durch die Weinberge und zur Altstadt mit zahlreichen Möglichkeiten zum Shoppen und Einkehren.

24 Stuttgart - Planetarium

„Der Mond ist aufgegangen, die goldnen Sternlein prangen am Himmel hell und klar... ." Spätestens wenn die kleinen Besucher im dunklen Kuppelsaal sitzen, fallen ihnen diese Liedzeilen wieder ein. Wenn sich das aufgeregte Getuschel gelegt hat und die kleinsten Nachwuchsastronomen sicherheitshalber die Hände der Eltern fest gedrückt halten, dann kann es losgehen.

Schon der Beginn der Vorstellung ist beeindruckend, wenn sich der voluminöse Projektor in Position bringt. Wie aus dem Nichts zaubert er einen Sternenhimmel an die große Kuppel, der den Kindern sogleich die ersten begeisterten Zwischenrufe entlockt. Aufmerksame Zuhörer erfahren viel Wissenswertes über die wichtigsten Sternenbilder: den Großen und den Kleinen Wagen, den Himmelsjäger Orion, den Großen Hund, die Milchstraße, den Schwan und viele mehr.

Hier wagen die Besucher einen Blick in die Sterne.

Toureninfos:

Carl-Zeiss-Planetarium Stuttgart
Mittlerer Schlossgarten, 70173 Stuttgart
Angaben für Navigationsgeräte:
Willy-Brandt-Straße 24
Tel. 0180 / 511 04 45 22 (12ct/min)
www.planetarium-stuttgart.de

Dienstag bis Freitag 9:00 - 11:30 Uhr und 14:00 - 16:30 Uhr
Mittwoch und Freitag zusätzlich von 19:00 - 21:30 Uhr, Samstag und Sonntag 13:00 - 19:30 Uhr
Vorführungen finden Dienstag und Donnerstag um 10:00 und 15:00 Uhr statt. Mittwoch und Freitag um 10:00, 15:00 und 20:00 Uhr, Samstag 14:00, 16:00, 18:00 und 19:15 Uhr, Sonntag um 14:00, 16:00 und 18:00 Uhr. Die regulären Vorführungen sind für Kinder unter 6 Jahren nicht geeignet. Für Kinder von 5 - 9 Jahre gibt es ein Kinderprogramm. Dies findet jeden Samstag und Sonntag um 14:00Uhr statt.

Erwachsene 6 €, Kinder 4 €
Vormittagsführungen generell für alle Besucher 4 €
LaserVisionen und Sphärenklänge für alle Besucher 6 €

Direkt beim Planetarium gibt es einen überwachten, kostenpflichtigen Parkplatz.

Durch die verkehrsgünstige Lage können die Besucher das Planetarium per Stadtbahnlinien U 1, U 2, U 4, U 9, U 14 und der Buslinie 42 (Richtung Gablenberg) bis Haltestelle Staatsgalerie erreichen.

Das Planetarium Stuttgart hat für jede Altersklasse das passende Programm.

Kindgerechte Erklärungen lassen die Besucher aufhorchen, wenn ein neuer Tag erwacht und die Sonne am Himmel aufgeht. Faszinierend zu beobachten ist ein simulierter Flug durchs Weltall mit einer anschließenden Landung auf dem Roten Planeten, dem Mars. Ein Glück, dass die Besucher kreisförmig um den Projektor auf 277 dreh- und kippbaren Sesseln sitzen, denn den Hals so zu drehen, dass man alles beobachten kann, das ist fast unmöglich.

Die Programmschwerpunkte im Planetarium wechseln immer wieder ab. Speziell für Kinder zwischen fünf und neun Jahren gibt es ein Kinderprogramm, welches jeden Samstag und Sonntag um 14 Uhr gezeigt wird.

Für die ganze Familie geeignet ist die Show „Laservisionen", eine Kombination aus Musik und Lasergrafiken. Vor oder nach jeder Vorführung gibt es noch viele interessante Räume zu besuchen, welche Informationen zum Thema „Weltall" bieten.

Wer die Sterne übrigens „live" erleben möchte, sollte sich eine sternenklare Nacht aussuchen und einen Besuch auf der Sternwarte Stuttgart-Uhlandshöhe einplanen.

Durch das geöffnete Dach der Sternwarte kann man mit den Teleskopen, Refraktoren, Astrokameras und Fernrohren den einen oder anderen Planeten ins rechte Licht rücken.

25 Stuttgart – Höhenpark Killesberg

Im Höhenpark geht es hoch hinaus!

Es ist eigentlich ein riesiger Abenteuerspielplatz mitten im Zentrum von Stuttgart. Egal, in welche Richtung Sie mit den Kindern losmarschieren, es ist überall etwas geboten. Als Einstieg in den erlebnisreichen Tag bietet sich eine Rundfahrt mit der Kleinbahn an. Hier bekommt man einen ersten Überblick und kann während der Fahrt in aller Ruhe beschließen wer, wann, wohin darf. Die Rundfahrt ist übrigens sehr informativ. Immerhin fahren zwei Dampflokomotiven aus dem Jahre

➤ Toureninfos:

Höhenpark Killesberg
Am Kochenhof, 70192 Stuttgart
www. killesberg.de

Der Park hat keine Öffnungszeiten, auch nachts wird er nicht geschlossen.

Killesbergturm: 7:00 Uhr bis zum Einbruch der Dunkelheit
Das Bähnle fährt von April bis Oktober: Montag, Dienstag, Donnerstag, Freitag, Samstag 13:00 – 18:00 Uhr; Mittwoch, Sonn-, Feiertage 10:00 – 18:00 Uhr

Der Park steht allen Besuchern kostenfrei offen. Nur bei Sonderveranstaltungen wie z. B. dem Lichterfest im Sommer wird Eintritt verlangt.
Killesbergturm:
Kinder frei, Erwachsene 0,50 €
Bähnle:
Kinder 3 – 6 Jahre 1,50 €
Kinder 7 – 14 Jahre 2,10 €
Erwachsene 2,60 €

Es gibt viele verschiedene Einkehrmöglichkeiten: vom schicken Restaurant über die schwäbische Weinstube, den Biergarten bis hin zu verschiedenen Cafés.

Parkmöglichkeiten bestehen rund um den Killesberg.

Zu erreichen ist der Killesberg mit der Stadtbahnlinie U 7, Endhaltestelle Killesberg sowie mit den Linien U 6 und U 13, Haltestelle Maybachstraße.

1939 die 2,3 Kilometer lange Strecke und verzücken die Kinder nicht nur mit ihrem Aussehen, sondern auch mit ihren Namen: „Tazzelwurm" und „Springerle". Außerdem sind 1950 der „Blitzschwoab" und seit 1993 der „Schwobapfeil" mit dabei. Die Lokomotiven fahren übrigens von April bis Oktober.

Nach der gemütlichen Rundfahrt geht die Entdeckungsreise los. Die großen und kleinen Tierfreunde steuern geradewegs das Tiergehege an. Hier warten Esel, Ziegen, Hühner, Enten, Schafe, Ponys und viele mehr auf gutes Zureden und die eine oder andere Streicheleinheit.

Wer lieber hoch hinaus will, der ist beim Killesbergturm, der im Jahre 2001 errichtet wurde, genau richtig. Mit seinen 43 Metern Höhe und der filigranen Netzbauweise ist er ein beeindruckendes Wahrzeichen der Parkanlage. Auf vier verschiedenen Plattformen, die in 8, 16, 24 und 31 Meter Höhe installiert sind, kann der Besucher den Ausblick rund um Stuttgart genießen. Wieder auf dem Boden der Tatsachen zurückgekehrt, geht es weiter im Programm: Wie wäre es nun mit einem Besuch des Primelgartens, der Krokuswiese, dem Dahliengarten oder dem Fontänensee? Oder dem 3000 qm großen Spielplatz, wo Toben, Schaukeln, Hüpfen und Spielen angesagt ist?

Wer dann noch nicht genug hat, der kann den Tag mit einem Besuch im Figurentheater „Theater in der Badewanne" oder auf der Freilichtbühne beschließen.

Die Anfänge des 50 ha großen Höhenparks Killesberg gehen übrigens bis ins Jahr 1939 zurück. Damals fand exakt an diesem Ort die Reichsgartenschau statt. Der Landschaftsarchitekt Hermann Mattern nutzte dafür den ursprünglichen alten Steinbruch und baute ihn zum Park um. Im Jahre 1993 fand hier die IGA statt, Jahre vorher die Bundesgartenschau.

Viele Tiere, wie auch diese zwei kleinen Ziegen, sind im Höhenpark Killesberg zuhause.

26 Stuttgart - Bibelmuseum

Im Bibelmuseum wird die Bibel hautnah erlebt.

Hier fühlt man sich wie ein Nomade.

Wie spannend kann es sein, die Geschichten aus der Bibel zu erfahren und zu erleben! Ja, richtig, zu erleben, denn das passiert, sobald die Museumsbesucher in einem Nomadenzelt Platz genommen haben. Unter dem nachgebildeten Sternenhimmel die Augen schließen und einfach innehalten ... . Leise dringen dann Geräusche der nächtlichen Steppe in unser Bewusstsein und der Duft von Weihrauch und Myrrhe (nur bei Führungen) entfaltet sein behagliches Aroma. Die vorgelesenen biblischen Texte an der Hörstation vervollständigen das Bibelerlebnis.

Im Museum kann man viele interessante Bibelgeschichten hören.

Toureninfos:

Bibelmuseum
Balinger Straße 31, 70567 Stuttgart
Tel. 0711 / 71 81 - 253, www.dbg.de

Das Museum ist ganzjährig geöffnet von Montag bis Freitag 8:30 - 18:00 Uhr; Samstag 14:00 - 18:00 Uhr; 1. Sonntag im Monat 14:00 - 18:00 Uhr. An Feiertagen bleibt das Museum geschlossen.

Erwachsene 2,50 €
Kinder (ab 7 Jahre) 1,00 €

Parkmöglichkeiten bestehen beim Museum.

PKW von der A 8 kommend Ausfahrt Stuttgart-Degerloch nehmen oder von der B 27 kommend die Ausfahrt Möhringen. Dann in die Plieninger Straße fahren, von dort in die Rembrandtstraße und über die Leinenweber Straße direkt in die Balinger Straße.

Stadtbahn U 3, U 5, U 6 Station Möhringen

Modern und abwechslungsreich mit Leuchtbotschaften und Projektionen präsentiert das Museum auf 490 qm Ausstellungsfläche die 2.000 Jahre Bibelentstehung und die fast 2.000 Jahre Überlieferung der Bibel. Alle Sinne sollen in diesem Museum angesprochen werden. So versteht es sich von selbst, dass neben Sehen, Hören und Riechen auch Anfassen erlaubt ist. So muss z. B. bei der Riesenbibel Ordnung in das Durcheinander der biblischen Bücher gebracht werden. Computerbibeln können ausprobiert werden, und auch die Gutenbergpresse steht bei Führungen für flinke Forscherfinger bereit. Besonders beliebt und interessant bei den Besuchern ist die Hörstation, hier heißt es Kopfhörer aufsetzen und entschweben in die, von David bis heute, 3000 Jahre alten musikalischen Welten der Bibel.

Tipp

Ein besonderes Highlight für angemeldete Kindergruppen sind die Bibel-Erlebnis-Führungen. Die Führungen, die ca. 1 1/2 Stunden dauern, haben verschiedene Geschichten der Bibel zum Thema. Dabei dürfen sich die Kinder verkleiden, musizieren, singen, tanzen und basteln. Von Interesse für die Eltern dürfte der Museumsshop sein, denn hier ist das gesamte Verlagsangebot der Deutschen Bibelgesellschaft auf einen Blick zu finden. Über 700 Bibelausgaben stehen zur Auswahl.

27 Stuttgart - DAV Kletterzentrum Stuttgart

Vor dem Aufstieg muss jeder Besucher gesichert sein.

Im wahrsten Sinne des Wortes hoch hinaus geht es im Stuttgarter Kletterzentrum, einem der modernsten Kletterzentren der Welt. Egal ob klein oder groß, Profi oder Anfänger, hier ist für jeden das richtige Niveau geboten. Auf einer gesamten Kletterfläche von 2.500 qm, die in eine Indoor- (1900qm) - und Outdooranlage (600 qm) aufgeteilt ist, findet jeder seinen entsprechenden Einstieg. Bis zu 16 Metern hoch kann es gehen, knapp 250 qm Boulderfläche stehen zur Verfügung. Was für Profis „normal" ist, ruft bei Anfängern doch eine gehörige Portion Respekt aus, denn die längste Route weist immerhin eine Länge von ca. 25 m auf und hängt einige Meter über.
Die 180 verschiedenen Routen haben einen Schwierigkeitsgrad zwischen 2 und 10. Aufgrund des familienfreundlichen Aufbaus der Kletteranlage können sich

Toureninfos:

DAV Kletterzentrum Stuttgart
Friedrich-Strobel-Weg 3
70597 Stuttgart-Degerloch
Tel. 0711 / 319 58 66
www.kletterzentrum-stuttgart.de

Das Kletterzentrum ist ganzjährig geöffnet: Montag, Mittwoch, Freitag von 13:00 - 23:00 Uhr
Dienstag, Donnerstag, Samstag, Sonntag, Feiertag von 9:00 - 23:00 Uhr

Erwachsene 13,50 €
Kinder bis 18 Jahre 10,00 €
Kinder bis 14 Jahre in Begleitung eines zahlenden Erziehungsberechtigten frei.
Rabatte für DAV-Mitglieder

Ein Bistro bietet die richtigen Speisen für eine Kletterpause.

Parkplätze im „Königsträßle" stehen ausreichend zur Verfügung.

Aus dem Stadtgebiet Stuttgart über die Neue Weinsteige / B27 in Richtung Fernsehturm. Dann rechts ins „Königsträßle" abbiegen.

Die Linien U7, U8, U 15, Bus 70 führen zum Kletterzentrum. Haltestelle Waldau (250 m), und Fernsehturm Ruhbank (700 m).

Familien mit ihren Kindern Schritt für Schritt an den entsprechenden Kletterwänden hocharbeiten bzw. spielerisch die Seile und Wege kennen lernen.
Wenn die kleinen Kletterkünstler nach spannenden Seilaktionen wieder Lust auf „bodenständige" Aktion haben, dann sind sie bei schönem Wetter auf dem großen Spielplatz im Outdoorbereich gut aufgehoben. Bei kälteren Temperaturen steht indoor ein eigener Kinder-Spielbereich zur Verfügung, der von fast allen Hallenbereichen aus einsehbar ist.
Auch Nichtvereinsmitglieder dürfen im Kletterzentrum jederzeit klettern. Es ist auch keine spezielle Ausrüstung zu Beginn erforderlich, Sportkleidung, Turn- oder Gymnastikschuhe reichen völlig aus. Allerdings müssen die notwendigen Sicherungstechniken beherrscht werden, damit man den Kletterkurs eigenständig nutzen darf.

Hier ist Geschicklichkeit gefragt!

Auch Outdoor hat das Kletterzentrum Stuttgart viel zu bieten.

Tipp

Etwas ganz Besonderes ist es, den Kindergeburtstag in einem Kletterzentrum zu feiern. In Stuttgart bestehen hierfür die richtigen Voraussetzungen. Bei einer Gruppe bis zu acht Kindern steht eine professionelle Betreuungsperson zur Verfügung. Gemeinsam mit den Kids macht sie die ersten luftigen Höhenmeter, durchquert die Parcours, sichert die Kinder und gibt gute Tipps. Nach gut zwei Stunden sportlicher Kletterei ist Kuchenessen und Feiern angesagt.

28 Bärenschlößle mit Bärensee

Das Bärenschlößle lädt zum Verweilen ein.

Ein Ausflug zum Stuttgarter Bärenschlößle ist sowohl im Sommer als auch im Winter eine gute Idee. Im Sommer tummeln sich Familien inmitten des Naherholungsgebiets „Rotwildpark" und breiten ihre Picknickdecken aus, um kleine Häppchen und Getränke zu sich nehmen, die gute Luft einzuatmen, im blauen Himmel die vorüberziehenden Wolken zu beobachten oder einfach um ein Nickerchen zu machen. Aktiven Kindern sei eine Entdeckungsreise durch den Park empfohlen: zum Beispiel zum Wildschwein- oder Rotwildgehege, wo eine reelle Chance besteht, den Tieren nahe zu kommen.

Toureninfos:

Restaurant „Bärenschlößle"
Mahdentalstraße 14, 70569 Stuttgart
Tel. 0711 / 692550
www.baerenschloessle-stuttgart.de

Das Restaurant ist ganzjährig geöffnet.
Montag bis Sonntag von 10:00 – 22:00 Uhr
November bis März bis 20:00 Uhr

Parkplätze sind direkt beim Bärenschlößle vorhanden.

Die Buslinien 91, 92, 93 fahren innerhalb Stuttgarts zum Bärenschlößle.

Der Park bietet aber auch genügend Platz, um sportlich aktiv zu werden: Joggen, Nordic Walking, Federball oder Fußball: jeder kann das tun, was er möchte. Was sich natürlich im Anschluss anbietet, ist ein Sprung ins kühle Nass des Pfaffensees, Neuen Sees oder Bärensees. Und dieser See ist es, der auch im Winter Familien in Scharen ins Freie lockt. Denn wer kann hier bei zugefrorener Eisfläche schon widerstehen? Schlittschuh laufen auf dem Bärensee ist fast schon Pflicht.

Ob wohl schon Herzog Carl Eugen von Württemberg im Winter auf dem See Schlittschuh gelaufen ist, als er im Jahre 1768 das Bärenschlößle als Lustschloss errichten ließ?

Das wohl eher nicht, doch waren im Sommer Gondelfahrten auf dem See die Attraktion. Von einem Aufenthalt in Italien nahm Herzog Carl Eugen von Württemberg Gondeln als Souvenirs mit und ließ diese, zum Vergnügen der illustren Gesellschaft, auf seinem Bärensee fahren. Doch die Geschichte des kleinen Schlosses nahm ein trauriges Ende: Nach dem Tod des Herzogs verfiel das Gebäude, im Jahre 1817 wurde es schließlich abgebrochen. König Wilhelm I. war es, der dem Park wieder Leben gab.

An dem Platz, an dem einst das Lustschloss stand, wurde ein Jagdpavillon mit angrenzendem Wildgehege gebaut. Eine Brandbombe im Zweiten Weltkrieg und ein Brand im Jahre 1994 zerstörten das Anwesen noch zwei weitere Male. Die jetzige Version des Bärenschlößles entspricht den historischen Vorlagen aus dem 18. Jahrhundert.

Ein romantischer Spaziergang im Park rund um das Schlößle.

29 Stuttgart - Haus des Waldes

Riechen, hören, sehen, fühlen - kurzum, den Wald mit allen Sinnen erleben und begreifen. Dies ist das erklärte Ziel des Teams, das das „Haus des Waldes" initiiert hat.
In einem Glaspavillon ist eine Dauerausstellung zu sehen, die sich mit allen nur erdenklichen Aspekten des Waldes beschäftigt. Auf unterschiedlichste Art und Weise gelingt es, die kleinen und großen Besucher mit 16 verschiedenen Stationen individuell anzusprechen.
In der Sinnesallee darf getastet, gerochen und gehört werden. Keine Angst vor dem Griff ins unbekannte Loch der Sinnessäule, denn alles, was Sie zu fassen bekommen, hat mit Wald zu tun.

Toureninfos:

Haus des Waldes
Königssträßle 74
70597 Stuttgart-Degerloch
Tel. 0711 / 97 67 20
www.hausdeswaldes.de

Dienstag bis Freitag 9:00 - 17:00 Uhr
jeden 1. und 3. Sonntag im Monat
10:00 - 17:00 Uhr, im Januar geschlossen

Der Eintritt ist frei.

Parkmöglichkeiten sind beim Haus des Waldes zu finden.

Ab Stuttgart Hauptbahnhof mit der U 7 Richtung Ostfildern, Haltestelle Waldau, ab Degerloch Bus Nr. 70 bis Haltestelle Königssträßle, dann ca. 20 min zu Fuß der Beschilderung folgen.

Spiel und Spaß inmitten des Waldes.

Die Märchenwand ist eher für die kleinen Besucher gedacht, durch Klappen, Schieben und Drehen setzen sich Märchenfiguren des Waldes in Bewegung. Noch aufregender wird es im Märchen-Kriechgang: Was mag wohl unterirdisch verborgen sein? Antworten gibt es nur im Haus des Waldes!
Die Försterstube zieht das Interesse der älteren Besucher auf sich, schließlich

Hier heißt es gemeinsam die Natur entdecken.

Hier ist eine Dauerausstellung untergebracht, die die Besucher staunen läßt.

wird hier der Arbeitstag eines Försters mit all seinen Facetten dokumentiert.
„Ich glaub, ich steht' im Wald!", möchte manch einer ausrufen, wenn er zum Großdiorama gelangt. Bei rauschendem Waldbach und schöner Waldatmosphäre scheinen die Tiere zum Greifen nahe. Alles Wissenswerte rund um die heimische Welt der Waldtiere ist hier dokumentiert. Sogar eine begehbare Höhle zeigt die sonst versteckte Kunst von Maulwurf, Dachs und Fuchsbauten.
Noch viele weitere Stationen gilt es zu erforschen, so z. B. den Standortfaktor Licht, eine Durchforstungssimulation, ein Baumartenkarussell, einen Waldausschnitt im Wechsel der Jahreszeiten und einiges mehr.
Und um all das, was der Besucher gelernt hat, nun auch wahrhaftig zu erleben, ist ein zwei Kilometer langer Baumpfad im Außengelände der unerlässliche Abschluss des Tagesausflugs.

Das Haus des Waldes bietet individuelle Führungen für Privatpersonen, Schulen und andere Gruppen an. Eine Anmeldung ist grundsätzlich erforderlich.

30 Fernsehturm Stuttgart

Wie eine Nadel steht der Fernsehturm da.

Toureninfos:

Fernsehturm Stuttgart
Jahnstr. 120, 70597 Stuttgart-Degerloch
Tel. 0711 / 23 25 97
www.fernsehturm-stuttgart.de

täglich ab 9:00 Uhr geöffnet
letzte Auffahrt 22:30 Uhr

Erwachsene 3,00 €
Kinder 3 – 12 Jahre 2,00 €

Im Turm steht das Panoramacafé für einen Besuch bereit, am Turmfuß das Ristorante Primafila und im Sommer ein großer Biergarten.

Parkmöglichkeiten bestehen direkt beim Fernsehturm.

Mit der Straßenbahnlinie 15, U- Bahn-Linie U 7 oder U 8 oder Buslinie Nr. 70 jeweils bis zur Endhaltestelle „Ruhbank" oder Haltestelle „Waldau".

Höhenangst sollte man nicht haben, wenn man sich den Stuttgarter Fernsehturm als Ausflugsziel aussucht. Einen ersten Eindruck der Schwindel erregenden Höhe bekommt man, wenn man unten vor dem Turm steht und nach oben sieht, höher, höher und immer höher, bis man endlich 217 Meter weiter oben die Spitze des Turms entdeckt. Und da soll man nun hoch? Es wird einem leicht mulmig zumute, und die Hände der kleinen Besucher greifen ganz schnell nach Mamis oder Papas Hand. Die Aufzüge stehen schon bereit, und dem Höhenvergnügen steht nichts mehr im Wege. Schwuppdiwupp, in weniger als einer Minute, genauer gesagt in 36 Sekunden, bringt der Aufzug mit einer Fahrgeschwindigkeit von 5 m/sec die Besucher zur Aussichtsplattform. Man sollte nicht vergessen, mit Schlucken, Gähnen oder mithilfe von Kaugummi für den Druckausgleich in den Ohren zu sorgen, speziell kleine Fahrgäste wundern sich oft über das Sausen im Ohr.

Auf 150 m Höhe dürfen die Besucher den Fahrstuhl verlassen und hinaus auf die zweigeschossige Aussichtsplattform treten: Was für ein Blick! Es ist ein atemberaubendes Panorama, das sich den Zuschauern bietet. Nicht nur ganz Stuttgart rundherum ist zu sehen, bei schönem Wetter kann man sogar bis zum Schwarzwald schauen. Eine aufgestellte Infotafel erleichtert mit kurzen Beschreibungen die Orientierung und erläutert, welcher Ort in welcher Richtung zu sehen ist. Wer möchte, kann seinen Blick mithilfe eines Fernrohrs ganz genau schärfen.

Der 3000 Tonnen schwere, aus Stahlbeton gebaute Turm gilt mit seiner nadelähnlichen Form als Vorreiter aller späteren Fernsehtürme. Zu Recht, schließlich war dies der erste Fernsehturm überhaupt, der gebaut wurde.

Die Grundsteinlegung erfolgte am 10. Juni 1954, eröffnet wurde der Neubau nur 20 Monate später am 5. Februar 1956. Architekt dieses architektonischen Highlights war Professor Fritz Leonhardt.

Ein besonderer Tipp ist, den Ausflug zum Fernsehturm mit einem Besuch beim „Theater über den Wolken" zu kombinieren. Das ALTE SCHAUSPIELHAUS und das THEATER RAMPE präsentieren im Fernsehturm auf gut 140 m Höhe ihre gemeinsamen Produktionen.

Ein Besuch des Fernsehturms zu später Stunde, verspricht romantisch zu werden.

31 Stuttgart - Hallenbad Zuffenhausen

Die Röhrenrutsche muss ausprobiert werden!

Toureninfos:

Hallenbad Zuffenhausen
Haldenrainstraße 31
70437 Stuttgart
Tel. 0711 / 216 52 93
www.stuttgart.de

Januar bis Dezember:
Dienstag, Freitag 7:00 - 22:00 Uhr
Mittwoch 13:00 - 19:00 Uhr
Donnerstag 13:00 - 22:00 Uhr
Samstag 7:00 - 20:00 Uhr
Sonntag 9:00 - 17:00 Uhr

Preise je nach Badedauer
Erwachsene ab 3,60 €
Kinder ab 2,30 €

Kostenlose Parkmöglichkeiten bestehen direkt beim Hallenbad.

Mit der U 5 bis Haltestelle Kelterplatz und mit der Buslinie 52 bis Schozacher Straße.

Egal, ob es stürmt oder schneit, die Sonne von oben brennt oder der Regen fällt, im Hallenbad Zuffenhausen sind Familien immer gut untergebracht. Denn nicht nur der Innenbereich des Bads lädt zum Verweilen ein, sondern auch im Freien ist Wohlfühlen angesagt.

Absolutes Highlight im Hallenbad Zuffenhausen ist die kurvige Röhrenrutsche - ein absolutes Muss für alle jungen und junggebliebenen Badegäste. Schnell, schnell geht es die Treppen hinauf auf rund 90 m Höhe. In die richtige Position gesetzt, dazu einen festen Anschubser, schon geht das rasante Rutschvergnügen los. Mit Kribbeln im Bauch fliegt man fast schon von einer Biegung zur anderen, schmiegt sich windschnittig in die Kurven, um dann mit einem lauten Platscher direkt im Wasser zu landen.

Da es sehr wahrscheinlich ist, dass viele Mütter und Väter die meiste Zeit des Badbesuchs an dieser Rutsche verbringen werden und damit kaum Gelegenheit haben, den Rest des Bades kennen zu lernen, sei dieser hiermit ausführlich beschrieben:

Neben der Röhrenrutsche erwartet die Besucher ein 25,00 mal 12,50 m großes Mehrzweckbecken mit fünf Bahnen, hier ist sportliches Schwimmen angesagt. Die Beckentiefe geht von 3,80 m bis 1,25 m, sodass auch kleinere Badegäste dort ihre ersten Schwimmübungen machen können. Die Sprunganlage wartet mit einem Ein-Meter-Federbrett sowie einer Drei-Meter-Sprungplattform auf.

Wer sich mit festem Boden unter den Füßen sicherer fühlt, der ist im Nichtschwimmerbecken besser aufgehoben. Das Becken hat eine Größe von 12,50 m mal 8,00 m und bietet Badespaß in der Wassertiefe von 0,75 m bis 1,25 m. Ein Wasserspeier sorgt in kurzen Abständen für eine erfrischende Abkühlung von oben. Besonders erwähnenswert, insbesondere an eisigen Wintertagen, ist der Warmbadetag, der immer dienstags stattfindet. Im Mehrzweckbecken erreicht das Wasser eine Temperatur von 30 °C und im Nichtschwimmerbecken sogar stolze 32 °C. Warm wird es den Besuchern außerdem bei einem Abstecher in die Sauna im Innenbereich oder die Blockhaussauna im Freien.

Wer sich beim Besuch des Bads Zuffenhausen lieber im Freien aufhält, hat dazu in den Sommermonaten genügend Gelegenheit. Auf einer Liegewiese ist ausreichend Platz für ein Sonnenbad, und die Kinder können sich stundenlang auf dem großen Wasser-Spielplatz vergnügen.

Ein besonderes Angebot in Zuffenhausen richtet sich an alle Geburtstagskinder, die ihren Festtag im kühlen Nass feiern wollen. Bis zu zehn kleine Gäste können liebevoll betreut feiern. Wasserspiele und Wettbewerbe halten die Kinder in Atem bis sie sich schließlich glücklich aber erschöpft, an den bunt gedeckten Geburtstagstisch setzen und den selbst mitgebrachten Kuchen essen dürfen. Die Geburtstagsfeier sollte möglichst frühzeitig angemeldet werden.

Wenn es draußen regnet, wird im Innenbereich geschwommen

32 Stuttgart - Zahnradbahn

Wie wäre es mit einem Ausflug mit der „Zacke"? Zacke ist die liebevolle Kurzumschreibung, die die Stuttgarter ihrer Zahnradbahn gegeben haben. Die Bahn stammt aus dem Jahre 1884 und verbindet die Stadtteile Stuttgart-Süd mit Degerloch. Der Esslinger Fabrikdirektor von Kessler war der Initiator der Zahnradbahn, die 1884 gebaut wurde.

Auch wenn die Bahnstrecke nahezu 125 Jahre auf dem Buckel hat, sind die Züge, die eingesetzt werden, von neuerer Bauart. Genauer gesagt, stammen die vierachsigen Zahnradtriebwagen aus dem Jahre 1982. Die alten Wagen aus dem Jahre 1889 sind zwar auch noch vorhanden, kommen aber nicht mehr zum Einsatz. Sie können im Stuttgarter Straßenbahnmuseum besichtigt werden.

Jetzt heißt es aber einsteigen an der Haltestelle Marienplatz und Augen auf, denn die Fahrt bietet atemberaubende Aussichten auf und um Stuttgart und auf die herrlichen Weinberge. Stetig steigend den Hang hinauf, geht es an Obstpflanzungen und kleinen Gärten vorbei, über die Obere Weinsteige, entlang an Wohnhäusern und über eine Stahlbetonbrücke.

Bei einer Steigung von bis zu 170 Promille kann einem schon ein wenig flau im Magen werden. Doch die Technik ist sicher und jahrzehntelang erprobt: Die

Toureninfos:

i Die Zahnradbahn fährt normalerweise von Montag bis Samstag 05:15 - 20:45 Uhr alle 15 Minuten, Sonntag ab 8:00 Uhr.

Die Dauer einer einfachen Fahrt beträgt ca. 10 Minuten.

€ Die Zahnradbahn ist im VVS-Tarif als Linie 10 integriert und somit z. B. sowohl mit der Tageskarte der SSB AG als auch mit dem Schöne-Wochenende-Ticket der DB benutzbar. Die Tarife richten sich nach Zustieg an den verschiedenen Haltestellen.

H Die Bahn verbindet die Stadtbezirke Süd, Haltestelle Marienplatz, und Degerloch, Haltestelle Albplatz, miteinander. Zum Marienplatz fährt die U 14 ab Hauptbahnhof.

Zahnradbahn wird von einem Zahnrad, das in eine Zahnstange greift, elektrisch angetrieben und schafft so eine Geschwindigkeit von 30 km/h. Die Strecke ist 2,2 Km lang, und um die 219 Höhenmeter zu erklimmen bzw. die Endstation Degerloch zu erreichen, dauert es gute zehn Minuten. Wem das Bahnvergnügen zu kurz ist, der löst einfach noch mal eine Fahrkarte und fährt die Strecke wieder zurück.

Fahrradfahrer aufgepasst: Auf der steilen Fahrt nach oben besteht die Möglichkeit, kostenlos den Drahtesel mitzunehmen. Stadtabwärts ist es nicht gestattet, aber da rollt das Fahrrad ja schließlich fast schon von alleine.

Eingebettet in die schöne Landschaft fährt die Bahn ihre Runden.

33 Stuttgart - Albatros-Flugmuseum

Hier gibt es die tollsten Flugzeugmodelle zu sehen.

Toureninfos:

Albatros-Flughafenmuseum
Flughafen Stuttgart, 70629 Stuttgart
Tel. 0711 / 948 27 37
www.albatros-flughafenmuseum.de

April bis September täglich von 8:00 - 21:00 Uhr, Oktober bis März täglich von 9:00 - 18:00 Uhr

Erwachsene 2,50 €, Kinder bis 6 Jahre 1,00 €, Familienkarte 6,00 €

Im Flughafen bestehen diverse Verpflegungsmöglichkeiten.

Parkmöglichkeiten bestehen am Flughafengelände.

Den Flughafen Stuttgart ist über die Ausfahrten an der A 8 (Nr. 53) oder der B 27 zu erreichen. Vom Stuttgarter Hauptbahnhof geht es mit der S 2 oder S 3 in Richtung Flughafen.

Eine der schönsten Beschäftigungen für Kinder ist es, Flugzeugen beim Starten und Landen zuzusehen. Den Passagieren beim Aus- und Einsteigen zuzuwinken oder den spannenden Weg der Kofferwägen zu verfolgen. Beim Albatros-Flugmuseum gehört dieses Schauspiel sozusagen gratis dazu. Schließlich befindet sich das Museum direkt am Stuttgarter Flughafen und hat Teile der Exponate gleich bei der Besucherterrasse installiert. Besonders viel Spaß macht es, die Flugzeuge von heute mit den Flugzeugen von damals im direkten Vergleich zu erleben. Was sich früher als Wunderwerk der Technik präsentierte, z. B. der Ganzmetall-Tiefdecker Junkers F-13 - er galt übrigens als erstes Passagierflugzeug - erscheint heute im Vergleich zu den A 380 und Co. als ein kleiner technischer Schuhkarton.

Es ist sehr interessant, die verschiedenen historischen Flugzeugtypen genauer unter die Lupe zu nehmen. Der Blick ins Cockpit lässt staunen, wie einfach die Instrumententafel damals ausgesehen hat - welch ein Kontrast zur heutigen Hightechausstattung der Pilotenkanzel!
Unter anderem sind im Albatros-Flugmuseum eine viersitzige Dornier DO-27

„Schau mal, da landet eine Maschine!"

ausgestellt oder eine Harvard AT 6G. Sie bietet für zwei Personen Platz und wird von Militär und Verkehrspiloten genutzt. Auch der Hubschrauber ML MI2 ist hautnah zu erleben; er ist zum Beispiel für die Polizei im Einsatz.

Alle Technikfreaks kommen auf ihre Kosten, wenn sie die ausgestellten Flugzeugsternmotoren, die aus verschiedenen Jahrzehnten stammen, entdecken, die Hubschraubergetriebe sehen oder die Radial- und Axiladüsentriebwerke sowie die zahlreichen Instrumente, Reifen oder Generatoren erblicken. Beeindruckend für Kinder ist ein echter ausgestellter Schleudersitz. Ob dieser Sitz tatsächlich schon einmal Leben gerettet hat?

Wer zum Abschluss des Museumsbesuchs noch genügend Muße hat, sollte abermals einige Minuten auf der Besucherterrasse bleiben um den herrlichen Blick nach Bernhausen, Echterdingen, die Schwäbische Alb bis hin zur Weidacher Höhe und nach Kirchheim / Teck zu genießen.

Eine kleine Stärkung muss sein!

34 Stuttgart - Feuerwehrmuseum

Auch draußen gibt es einiges zu sehen!

Welcher Junge hat in seinem Leben nicht mindestens einmal beschlossen, Feuerwehrmann zu werden? Ein Wunschtraum, dessen Ursprung in der Faszination Wasser und Feuer zu finden ist. Um diese zwei Elemente und alles was dazu gehört, geht es im Stuttgarter Feuerwehrmuseum.

2500 qm Fläche stehen bereit, um entdeckt zu werden. Im Erdgeschoss wird so ziemlich alles geboten, was knallrote Far-

Toureninfos:

Stuttgarter Feuerwehrmuseum
Murgtalstraße 60
70376 Stuttgart-Münster
Tel. 07 11 / 50 660
www.stuttgarter-feuerwehrmuseum.de

Jeden 1. Samstag und jeden 3. Sonntag im Monat 10:00 - 16:00 Uhr, Donnerstag 14:00 - 18:00 Uhr und nach Vereinbarung

Erwachsene 2,00 €
Kinder bis 10 Jahren frei
Kinder von 10 - 18 Jahren 1,00 €

Parkmöglichkeiten stehen beim Museum zur Verfügung.

Von Stuttgart mit der Stadtbahn U 14, Haltestelle Münster-Viadukt, oder mit der Buslinie 56, Haltestelle Bahnhof Münster.

Zum Einsatz bereit.

be hat und als Feuerwehrauto zu bezeichnen ist. Die ausgestellten 25 Tanklösch- und Löschgruppenfahrzeuge bieten ein Spektrum aus den Jahren 1940 bis hinein in die 80er-Jahre. Dementsprechend unterschiedlich sind Größe und Aussehen der Fahrzeuge. Eine Drehleiter aus dem Jahre 1960, ein Feuerwehrkran von 1962 sowie die fast 40 Jahre alte Gelenkmastbühne demonstrieren die Komplexität eines Feuerwehreinsatzes. Ein Fahrzeug

So sah es früher bei der Feuerwehr aus.

hebt sich von allen anderen ab, nämlich ein Löschgruppenfahrzeug aus dem Jahre 1939, das mit der Polizeifarbe Grün in den Einsatz geschickt wurde.

Die zum Feuerwehreinsatz gehörenden Hilfsmittel aus der guten alten Zeit, lösen das eine oder andere Mal ein Schmunzeln bei den Besuchern aus: hölzerne Wasserleitungen, Handdruckspritzen aus dem Jahre 1807, Buttenspritzen, eine Saugfeuerspritze aus dem Jahr 1871, Feuerwehrhelme aus Messing oder Feuereimer aus Segeltuch und Leder. Wer kann sich heute noch vorstellen, dass dieses Zubehör zu seiner Zeit als hoch modern galt?

Zum Thema Feuerwehr gehört aber noch mehr als nur der Feuerwehreinsatz als solcher. Ein weiterer Themenbereich des Museums beschäftigt sich mit den mannigfachen Feuerlöschern und ihrer Entwicklung sowie den Feuermeldern samt Feuermeldeempfangseinrichtung. Auch die unterschiedlichen Atemschutzmasken, Rauchhelme und Wiederbelebungsgeräte sind in gläsernen Schaukästen zu finden.

Ausgestellte Trommeln, Trompeten und Bilder des Musikcorps demonstrieren einen historischen Streifzug durch das Feuerwehrmusikwesen.

Auf geht's! Wir besuchen das Museum.

35

Vaihingen - Bonbon-Museum

Lecker, welches Bonbon darf man essen?

Sie sind bunt, klein, meistens rund und sie schmecken herrlich nach Himbeere, Zitrone, Karamell, Schokolade, oder, oder, oder. Bonbons werden sie genannt und von Kindern wie Erwachsenen seit Jahrhunderten gelutscht und geliebt. Sie schmecken nicht nur gut, sie helfen auch noch gegen Husten, Heiserkeit und Halsweh.

Das Bonbon stammt ursprünglich aus dem Vorderen Orient, wo es im 8. Jahrhundert erfunden wurde. Von dort aus setzte es zum Siegeszug durch die Welt an. Auf rund 300 qm zeigt eine kurzweilige Dauerausstellung im Bonbon-Museum die Geschichte des Bonbons, von seinen Anfängen bis hin zur modernen Fabrikproduktion im 20. Jahrhundert.

Zu entdecken gibt es im Museum vieles, denn nicht nur das Bonbon an sich steht

Toureninfos:

Das Bonbon-Museum
Industriestraße 9 – 11
71665 Vaihingen / Enz
Tel. 07042 / 9 07 - 0
www.bonbon-museum.de

Montag bis Freitag 10:00 – 17:30 Uhr
Samstag 10:00 – 12:30 Uhr

kostenloser Eintritt

Aus Richtung Stuttgart kommend auf der A 81 die Ausfahrt Stuttgart-Zuffenhausen, dann weiter auf die B 10 in Richtung Vaihingen / Enz.
Die B 10 in Richtung Vaihingen / Enz-Mitte verlassen und der Beschilderung in Richtung Bietigheim und Kleinglattbach folgen.
Von Bietigheim über Sersheim kommend geht es nach dem Ortsschild Kleinglattbach über eine Brücke.
Nach der Brücke gleich die erste Abbiegung nach links, danach sofort wieder rechts abbiegen. Nach ca. 200 Metern ist links an der Industriestraße entlang das Bonbon-Museum im Gebäude des Gummi-Bären-Landes (Werksverkauf).

im Mittelpunkt, sondern auch alles um das Bonbon herum. Und das ist durchaus wörtlich zu nehmen, denn um das Bonbon herum ist eine Verpackung nötig und entsprechende Bonbondosen. Welch Staunen und Raunen geht durch die Besucherreihen beim Anblick der verschiedensten Umhüllungen, die teils jahrzehntealt sind und frühe Kindheitserinnerungen wecken. Das macht übrigens auch ein über 100 Jahre alter Kolonialwarenladen, dessen Einrichtungsgegenstände im Museum originalgetreu wieder aufgebaut wurden. Liebevoll arrangiert stehen Bonbon-Werbefiguren auf den Ausstellungsflächen, die natürlich von den Kindern auch berührt bzw. in Gang gesetzt werden dürfen.

So werden die Bonbons bunt verpackt.

Detailinformationen bekommen die Museumsbesucher schließlich noch durch verschiedene Filme über die Produktion der kleinen Lutschpastillen vermittelt.

Hübsche Bonbondosen aus der guten, alten Zeit.

35

Spätestens jetzt weiß man genau, wie die Füllung ins Bonbon kommt oder warum ein Bonbon gegen Husten helfen kann. Dass man nach so vielen Informationen rund ums Bonbon Lust auf ein Bonbon verspürt, liegt natürlich sehr nahe. Deshalb bietet es sich geradezu an, nach dem Museumsbesuch einen Abstecher in den Werksverkauf des Gummi-Bärenland der Jung-Bonbon-Fabrik zu machen. Die Verkaufsräume befinden sich im gleichen Gebäude wie das Museum und bieten neben Gummibärchen und Bonbons auch Schokolade zu günstigen Preisen.

Wer kann sich hier entscheiden, welches Bonbon er kaufen soll?

Die Produktion eines Bonbons ist interessant!

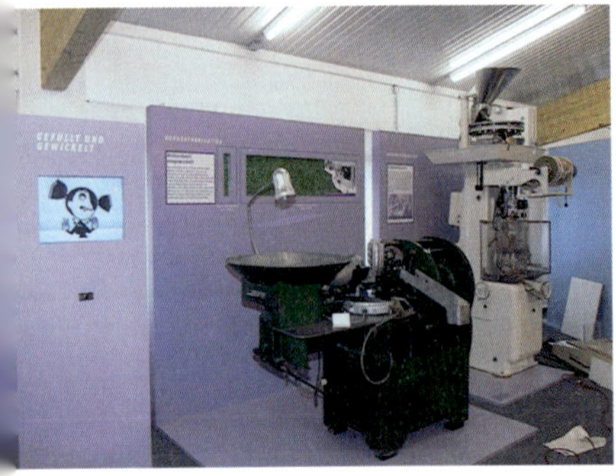

Wie sich die Maschinen im Laufe der Zeit entwickelt haben.

Tipp

Achtung Schleckermäuler aufgepasst: Hier wartet ein wahres Paradies voll mit Süßigkeiten auf euch. Es ist selten, dass man so viele verschiedene Sorten von Fruchtgummis, Bonbons und Schokolade auf einmal vorfindet. Wer Spaß daran hat, kann von jeder Art Süßigkeiten gleich kiloweise mit nach Hause nehmen. Ihr könnt sicher sein, bei diesem süßen Angebot werden selbst eure Eltern nicht widerstehen können.

36 Waldenbuch - Museum Ritter

Ein markanter Kalksteinquader erstreckt sich am Ortsrand von Waldenbuch. Der Neubau des MUSEUM RITTER neben dem Firmengelände von Ritter Sport wurde von dem Schweizer Architekten Max Dudler eigens für die Sammlung Marli Hoppe-Ritter entworfen. Aus zwei Gebäudeteilen und einer verbindenden Passage besteht das Bauwerk. Der größere Flügel beherbergt die Sammlung Marli Hoppe-Ritter und bietet Raum für Wechselausstellungen. Im kleineren Teil ist der „SchokoLaden", das Besucherzentrum der Firma Ritter Sport untergebracht.

Auf 700 qm Ausstellungsfläche präsentiert sich die Sammlung Marli Hoppe-Ritter mit Gemälden, Zeichnungen und Objekten bedeutender Künstler und Künstlerinnen des 20. und 21. Jahrhunderts, die sich alle mit dem Thema des Quadrats auseinander setzen. In mehr als zehn Jahren intensiver Sammlungstätigkeit hat Marli Hoppe-Ritter, Mitinhaberin der Firma Ritter Sport, ihre einzigartige Kollektion zusammengetragen. Anhand des Quadrats als Form und Thema zeichnet ihre Sammlung die Geschichte der geometrisch-abstrakten Kunst des 20. und beginnenden 21. Jahrhunderts nach.

Ein besonderes Augenmerk legt das Museum Ritter auf eine qualitätvolle Kunstvermittlung. Ein breites Spektrum unterschiedlicher Programme gibt Impulse

Toureninfos:

MUSEUM RITTER
Sammlung Marli Hoppe-Ritter
Alfred-Ritter-Straße 27
71111 Waldenbuch
Tel. 07157 / 535 110
www.museum-ritter.de

Dienstag bis Sonntag 11:00 – 18:00 Uhr
Montag geschlossen

Erwachsene 5,00 €, ermäßigt 3,00 €
Kinder und Jugendliche bis 18 Jahre frei
kostenlose Audioführung

Im Museum ist ein Museumscafé
für kleine Snacks.

Parkmöglichkeiten bestehen direkt
beim Museum RITTER.

B 27 Richtung Reutlingen / Tübingen,
Ausfahrt Plattenhardt nach Waldenbuch.

36

und Anregungen für den Dialog zwischen Betrachter und Kunstwerk. Jeweils samstags, sonntags und feiertags um 15:00 Uhr finden Überblicks- und Themenführungen zu verschiedenen Schwerpunkten statt. An ausgewählten Samstagen gibt es Kuratorenführungen und Künstlergespräche. Die Teilnahme an öffentlichen Führungen und Veranstaltungsprogrammen ist bis auf den Museumseintritt kostenlos. Ferner erhält jeder Besucher mit der Eintrittskarte eine kostenlose Audioführung. Eine Version für Kinder wird ebenfalls angeboten.

Die Kreativität von Kindern und Jugendlichen durch Besuche im Museum zu fördern und sie für Kunst zu begeistern, stellt für das Museum Ritter eine besonders wichtige Aufgabe dar. Aus diesem Grund haben Kinder und Jugendliche bis 18 Jahren freien Eintritt. Jeweils samstags, sonntags und feiertags um 15:00 Uhr und an ausgewählten Terminen in den Schulferien bietet das kimuri-Kinderprogramm Kindern die Möglichkeit, sich spielerisch und fantasievoll mit den Ausstellungsinhalten auseinander zu setzen. Im Anschluss an eine Kinderführung werden sie selbst kreativ tätig.

Das Museum ist schon von außen ein Blickfang!

Das Quadrat in der Kunst

Das MUSEUM RITTER präsentiert die Kunstsammlung von Marli Hoppe-Ritter, der Miteigentümerin von Ritter Sport. Inhaltlich setzen sich die Werke mit dem Quadrat in der Kunst des 20. und 21. Jahrhunderts auseinander. Ein vielfältiges Programm für Kinder und Erwachsene ergänzt die Ausstellungen.

Öffnungszeiten
Dienstag–Sonntag 11–18 Uhr
Montag geschlossen

Eintrittspreise
Erwachsene Euro 5,–
Ermäßigt Euro 3,–
Kostenlose Audioführung
Kostenloses Familienprogramm
Samstag, Sonn- und Feiertag 15 Uhr

Freier Eintritt
Kinder und Jugendliche bis 18 Jahre

MUSEUM RITTER
Sammlung Marli Hoppe-Ritter
Alfred-Ritter-Str. 27
D-71111 Waldenbuch

info@museum-ritter.de
www.museum-ritter.de

Information
Telefon +49.(0)7157.53511-0

MUSE
UM RI
TTER

Herzlich Willkommen!

SCHOKO**AUSSTELLUNG** &
SCHOKO**SHOP**
Montag–Freitag 8.00–18.30 Uhr,
Samstag 9.00–18.00 Uhr,
Sonntag 11.00–18.00 Uhr
Es erwartet Sie ebenso ein spannender Kinofilm mit Einblick in die Geheimnisse der quadratischen Schokoladeproduktion.
Voranmeldung für Gruppen für Kinofilm erbeten Telefon +49.(0)7157.97-704
Geöffnete Sonntage siehe
www.ritter-sport.de

SCHOKO**WERKSTATT**
für Kinder und Jugendliche von 6–18 Jahren, nur gegen Voranmeldung, Montag–Sonntag, Telefon +49.(0)7157.97-704;
wegen großer Nachfrage kann es zu Wartezeiten kommen

Alfred Ritter GmbH & Co. KG
Alfred-Ritter-Straße 27
D-71111 Waldenbuch

schokoladen@ritter-sport.de
www.ritter-sport.de

Information
Telefon +49.(0)7157.97-704

Ritter SPORT

QUADRATISCH. PRAKTISCH. GUT.

37 Winnenden-Modellbahnvereinigung

Ein absoluter Geheimtipp für den Familienausflug an einem kalten Wintersonntag ist ein Besuch bei der Privaten Modellbahnvereinigung Winnenden (PMW). Eine riesige Modellbahnanlage auf über 360 qm steht bereit, um entdeckt zu werden. Und entdecken kann man hier wirklich einiges. Da sich die Anlage immer wieder im Aus- und Umbau befindet, ist es möglich, auch einmal hinter die Kulissen, sprich in die Technik der Bahn, zu sehen. Ungläubiges Staunen rufen die unzähligen Kabelstränge, Schaltknöpfe und Computerverbindungen bei Modellbahnlaien hervor. Profis tauschen sich selbstverständlich im Fachjargon über die neuesten technischen Entwicklungen aus.

Ja, wo fahren die Züge denn hin?

Toureninfos:

PMW
Private Modellbahnvereinigung Winnenden
Industriegebiet Langes Gewand
Daimlerstraße 12, 71364 Winnenden
www.pmw-winnenden.de

16. November 2008 bis 17. Januar 2009
10:00 - 12:30 Uhr und 14:00 - 16:30 Uhr

Erwachsene 3,50 €
Kinder bis 12 Jahre 1,00 €
Familienkarte 8,00 €

Als Parkmöglichkeiten stehen die Mitarbeiterparkplätze bei der Firma AEG Electric Tools GmbH zur Verfügung.

Mit der S 3 von Stuttgart, Haltestelle Winnenden. Von dort ist das Ausstellungsgebäude ca. 900 Meter entfernt und in 15 Minuten zu Fuß erreichbar.

Mit dem PKW aus Richtung Stuttgart kommend über die B 14 Richtung Waiblingen, in Waiblingen Richtung Winnenden. In Winnenden den Wegweisern folgen. Die Zufahrt zur Ausstellung erfolgt über die Max-Eyth-Straße, links am hinteren Ende befindet sich der Eingang.

Detailgetreue Landschaften faszinieren die Besucher

Doch nicht nur die Technik ist beeindruckend, auch die liebevollen Details der Landschaft, der Gebäude, Straßen und Menschen sind einmalig schön.

Hervorzuheben als eines der Highlights ist sicherlich die Bietschtalbrücke auf der Strecke zwischen den Bahnhöfen Arnheim und Peterhauen. Die Brücke spannt sich über ein insgesamt 60 cm tiefes Tal. Alles in allem stehen fünf große Bahnhöfe bereit, die angefahren werden können. Verbunden werden die Haltestellen durch eine zweigleisige Rundstrecke, die 640 Meter lang ist. Will man den Zug einmal rundum beobachten, heißt es ganz genau aufpassen, schließlich gibt es z. B. beim zentralen Abstellbahnhof insgesamt vier Ebenen.

Ganz neu mit in das Gesamtkonstrukt aufgenommen ist eine beeindruckende Zahnradbahn mit naturgetreuen Bäumen, Wiesen und Feldern.

Aus der Taufe gehoben wurde die PMW-Winnenden übrigens von fünf Freunden. Gemeinsam bauten sie ihre Modelleisenbahn auf und erstellten ein eigenes Blocksystem, das zurzeit mit 77 Blockstellen gesteuert wird. Die komplette Technik inklusive Hardware und Steuersoftware ist selbst entwickelt.

Was anfänglich nur als Vergnügen für den kleinen Freundeskreis gedacht war, hat sich inzwischen zu einem richtigen Publikumsmagneten entwickelt.

Tipp

Wundern Sie sich bitte nicht, wenn Ihr Kind oder Ehemann etwas mehr Zeit als üblich auf der Toilette verbringt... denn selbst hier kennt die Zugleidenschaft keine Grenzen. Aber entdecken Sie selbst ...!!!

38 Winnenden - Wunnebad

Im Wunnebad ist Badespaß bei jedem Wetter garaniert.

Spiel, Sport, Spaß, Spannung und das alles kombiniert mit viel Wasser. Kinderherz, was willst du mehr? Der Besuch im Wunnebad in Winnenden garantiert einen Tagesausflug mit zufriedenen Kindern.

Die Gesamtfläche des Bads bietet Badespaß auf über 2000 qm. Sechs verschiedenen Becken verteilen sich in einen Innen- und in einen Außenbereich. Eine der vielen Attraktionen, die die Kinder wie magisch anzieht, ist eine Wasserrutsche im Freien. Im Sauseschritt heißt es erst die Treppe rund 56 Meter in die Höhe steigen und von oben mit dem richtigen Schwung und selbstverständlich mit viel Geschrei hinuntergerutscht! Doch nicht nur die Wasserrutsche, auch Felsengrotten, Massagedüsen, Wassermatschanlage, Wasserfall, Wasserliegen, Strömungskanal und Sprungturm sind im Schwimmbad der Hit. In zwei großen Kinderbereichen fühlen sich die kleinen Gäste wohl und alle Eltern und Großeltern wissen, dass die Kinder dort gut aufgehoben sind.

Ausruhen können sich die Badegäste auf der großzügigen Freifläche. Hier kann sich jeder selbst entscheiden, ob er nur einfach auf seinem Badetuch liegen oder lieber einen kleinen Spaziergang zwischen gepflegten Beeten, entlang der Rasenflächen und des Rosengartens unternehmen möchte.

Auch sportlich gibt es neben dem Schwimmen noch andere Angebote. Wie wäre es zum Beispiel mit Streetball, Beachvolleyball oder Tischtennis? Platz, Felder und Netze stehen bereit ... Auf geht's!

Tipp

Drei Angebote machen einen Besuch in Winnenden noch attraktiver:
Die Mitternachtssauna samt Mitternachtsbuffet, jeden ersten Freitag im Monat von 21:45 bis 2:00 Uhr, an vier Tagen der Woche ein Saunafrühstück, das für 3,99 € geboten und als Familienhighlight die Baby-Sauna jeden Donnerstag von 9:00 – 12:00 Uhr.

➤ Toureninfos:

Wunnebad
Albertviller Straße 56, 71364 Winnenden
Tel. 07195 / 620 94
www.winnenden.de

Wunnebad: Montag 9:00 - 21:00 Uhr Dienstag, Mittwoch, Donnerstag, Freitag 7:30 - 21:00 Uhr, Samstag 7:30 - 20:00 Uhr und Sonntag 7:30 - 18:00 Uhr an Feiertagen ist von 10:00 - 18:00 Uhr geöffnet. Achtung am Mittwoch ab 19:30 FKK-Schwimmen.
Sauna: Montag 12:00 - 22:00 Uhr gemischt, Dienstag 9:00 - 22:00 Uhr Damen, Mittwoch 9:00 - 22:00 Uhr gemischt, Donnerstag 9:00 - 12:00 Babysauna, ab 12:00 - 22:00 Uhr gemischt, Freitag 12:00 - 22:00 Uhr, jeden 1. Freitag im Monat saunieren bis Mitternacht gegen 2,00 € Aufpreis, Samstag 9:00 - 22:00 Uhr gemischt, Sonntag 9:00 - 18:00 Uhr gemischt, Feiertage 10:00 - 18:00 Uhr gemischt

Cafeteria und Saunabar samt Kiosk bieten Snacks für die Pause.

Eintrittspreise Wunnebad Einzelkarten: Erwachsene 3,70 €, Kinder ab 4 Jahren und Jugendliche bis 17 Jahre 1,70 €
Eintritt Sauna mit Badbenutzung: Erwachsenen 9,70 €, Kinder und Jugendliche bis 17 Jahre 8,70 €
Babysauna 5 € (1 Erwachsener + 1 Kleinkind bis 3 Jahre)
Es werden auch verschiedene Familienkarten angeboten sowie Frühbade- und Wintertarif:
Erwachsene 5,00 €, Kinder ab 10 Jahren 3,00 €, Familienkarte 8,00 €

Es sind Parkplätze direkt am Wunnebad zu finden.

Von Stuttgart mit der S 3 nach Winnenden, dort den Ausschilderungen folgen. Mit dem Pkw aus Richtung Stuttgart kommend über die B 14 Richtung Waiblingen, in Waiblingen Richtung Winnenden. In Winnenden den Wegweisern folgen.

Wer sich auf einen heißen, aber ruhigen Ausflug freut ist ebenfalls im Wunnebad richtig. Denn hier erstreckt sich eine ca. 1.200 qm große Saunaanlage. Vom Dampfbad über die Bio-Sauna, eine Aufgusssauna bis hin zum Tepidarium und einer Infrarotkabine ist alles geboten, was das Saunieren zum Erlebnis macht. Die gesamte Saunaanlage ist sehr geschmackvoll gebaut, bunte Mosaike, märchenhaft anmutende Rundsäulen und Holzdecken schaffen eine einmalige Atmosphäre.

Auch Sportler können hier ihre Bahnen ziehen.

Wintersport auf der Schwäbischen Alb

Langlaufloipen:

Böhringen
Böhringer Loipe: Tel. 07382 / 9 39 80
Salzwinkel Loipe: Tel. 07382 / 9 39 80
Burladingen/Salmendingen
Salmendinger: Tel. 07475 / 89 20
Gomadingen
Sternberg, Holzwiesen, Jörgenbühl:
Tel. 07385 / 96 96 33
Kleinengstingen
Kohltal: Tel. 07129 / 3910 oder 3595
Mehrstetten
Böttental, Berg, Kahlenbühl,Fohlenhof:
Tel. 07381 / 938 30
Münsingen
Beutenlay, Alenbrunnen,Dottinger Loipen:
Tel. 07381 / 18 21 45
Römerstein
Römerstein, Böhringen, Donnstetten,
Naturfreunde, Zeinigen:
Tel. 07382 / 939 80

Sonnenbühl
Bolberg, Sonnenbühl, Schwaben-Lioipe:
Tel. 07128 / 925 18
St. Johann
Auental-Loipe: Tel. 07122 / 92 31
Trochtelfingen
Grafental: Tel. 07124 / 48 20

Skilifte:

Kleinengstingen
Kohltal und Kinderlift:
Tel. 07129 / 39 10 oder 35 95
Lichtenstein / Traifelberg
Oberalb Honau:
Tel. 07129 / 71 17 oder 93 20 73
Lichtenstein/Holzelfingen
Lift Heutal:
Tel. 07129 / 43 23 oder 23 84
Lift Salach:
Tel. 07129/ 5522 oder 92980
Münsingen
Ziegelhäuser: Tel. 07381 / 93 17 63
Dottingen: Tel. 07381 / 501 70 01
Römerstein-Donnstetten
Römerstein: Tel. 07382 / 609
Römerstein Skilift Hesel:
Tel. 07382 / 93980
Römerstein/Zainingen
Salzwinkel: Tel. 07333/ 5212
Sonnebühl/Erpfingen:
Tel. 07128 / 20 56 oder 23 93
Sonnenbühl/Genkingen:
07128 / 520 oder 07072 / 74 08
St.Johann-Upfingen
Beiwald Lift:
Tel. 07122 / 35 66 oder 07123 / 70 96
Trochtelfingen/Hausen
Hennenstein-Alpinlift:
Tel. 07124 / 26 40 oder 15 30

Wohin bei Sonne?

Bad Urach: Höhenfreibad (1)
Beuren: Freilichtmuseum Beuren (2)
Bietigheim-Bissingen: Badepark Ellental (3)
Böhringen: Landwirtschaftlicher Erlebnispfad (5)
Ebhausen / Rotfelden: Kamelhof Rotfelden (6)
Esslingen: Nymphea (8)
Fellbach: Hochseilgarten(9)
Gomadingen: Planetenwanderweg Gomadingen (12)
Ludwigsburg: Schloss (16)
Meßstetten: Wildgehege (17)
Sigmaringen: Schloss (18)
Sonnenbühl / Erpfingen: Sonnenmatte (20)
Stuttgart: Schloss Solitude (21)
Stuttgart: Neckar Käpt'n (23)
Stuttgart: Höhenpark Killesberg (25)
Stuttgart: Bärenschlössle (28)
Stuttgart: Haus des Waldes (29)
Stuttgart: Fernsehturm (30)
Stuttgart: Zahnradbahn (32)
Stuttgart: Albatros-Flugmuseum (33)
Winnenden: Wunnebad Winnenden (38)

Wohin bei Regen?

Böblingen: Fleischereimuseum (4)
Esslingen: Landesbühne Esslingen (7)
Freiberg / Neckar: Jumpinn (10)
Giengen: Die Welt von Steiff (11)
Herrenberg: Glockenmuseum (13)
Kornwestheim: Schulmuseum Nordwürttemberg (14)
Leinfelden-Echterdingen: Spielkartenmuseum (15)
Ludwigsburg: Schloss (16)
Sigmaringen: Schloss (18)
Sonnenbühl / Erpfingen: Ostereimuseum (19)
Stuttgart: Schloss Solitude (21)
Stuttgart: Lindenmuseum (22)
Stuttgart: Neckar Käpt'n (23)
Stuttgart: Planetarium (24)
Stuttgart: Bibelmuseum(26)
Stuttgart: Kletterzentrum(27)
Stuttgart: Haus des Waldes (29)
Stuttgart: Hallenbad Zuffenhausen (31)
Stuttgart: Albatros Flugmuseum (33)
Stuttgart: Feuerwehrmuseum(34)
Vaihingen: Bonbonmuseum (35)
Waldenbuch: Ritter Museum (36)
Winnenden: Wunnebad (38)

Wohin bei Schnee?

Skifahren auf der Schwäbischen Alb (39)
Böblingen: Fleischereimuseum (4)
Esslingen: Landesbühne Esslingen (7)
Freiberg / Neckar: Jumpinn (10)
Giengen: Die Welt von Steiff (11)
Herrenberg: Glockenmuseum(13)
Kornwestheim: Schulmuseum Nordwürttemberg (14)
Leinfelden-Echterdingen: Spielkartenmuseum (15)
Ludwigsburg: Schloss (16)
Sigmaringen: Schloss (18)
Sonnenbühl / Erpfingen: Ostereimuseum (19)
Stuttgart: Schloss Solitude (21)

Stuttgart: Lindenmuseum (22)
Stuttgart: Planetarium (24)
Stuttgart: Bibelmuseum (26)
Stuttgart: Kletterzentrum (27)
Stuttgart: Bärenschlössle (28)
Stuttgart: Haus des Waldes (29)
Stuttgart: Hallenbad Zuffenhausen (31)
Stuttgart: Albatros-Flugmuseum (33)
Stuttgart: Feuerwehrmuseum(34)
Vaihingen: Bonbon-Museum (35)
Waldenbuch: Ritter Museum (36)
Winnenden: PMW Winnenden (37)
Winnenden: Wunnebad (38)

Mit dem Baby unterwegs

Bad Urach: Höhenfreibad (1)
Beuren: Freilichtmuseum Beuren (2)
Bietigheim-Bissingen: Badepark Ellental (3)
Böblingen: Fleischereimuseum (4)
Böhringen: Landwirtschaftlicher Erlebnispfad (5)
Ebhausen / Rotfelden: Kamelhof Rotfelden (6)
Esslingen: Nymphea (8)
Freiberg / Neckar: Jumpinn (10)
Giengen: Die Welt von Steiff (11)
Gomadingen: Planetenwanderweg Gomadingen (12)
Herrenberg: Glockenmuseum(13)
Kornwestheim: Schulmuseum Nordwürttemberg (14)
Leinfelden-Echterdingen: Spielkartenmuseum (15)
Ludwigsburg: Schloss (16)
Meßstetten: Wildgehege (17)
Sigmaringen: Schloss (18)
Sonnenbühl / Erpfingen: Ostereimuseum (19)
Sonnenbühl / Erpfingen: Sonnenmatte (20)
Stuttgart: Schloss Solitude (21)
Stuttgart: Linden-Museum (22)
Stuttgart: Neckar Käpt'n (23)
Stuttgart: Höhenpark Killesberg (25)
Stuttgart: Bibelmuseum (26)
Stuttgart: Bärenschlössle (28)
Stuttgart: Haus des Waldes (29)
Stuttgart: Fernsehturm (30)
Stuttgart: Hallenbad Zuffenhausen (31)
Stuttgart: Zahnradbahn (32)
Stuttgart: Albatros-Flugmuseum (33)
Stuttgart: Feuerwehrmuseum (34)
Vaihingen: Bonbon-Museum (35)
Waldenbuch: Ritter Museum (36)
Winnenden: PMW Winnenden (37)
Winnenden: Wunnebad Winnenden (38)

Register

B

Bad Urach 12, 13
Bernhausen 77
Beuren 14, 15, 16
Bietigheim-Bissingen 17
Böblingen 19

D

Dapfen 39

E

Ebhausen-Rotfelden 23, 24
Echterdingen 77
Esslingen 15, 25, 26, 28

F

Fellbach Schmiden 30, 32
Freiberg 33, 34

G

Giengen/Brenz 36, 37
Gomadingen 38, 39

H

Herrenberg 40

K

Kirchheim/Teck 77
Kornwestheim 41

L

Leinfelden-Echterdingen 42
Ludwigsburg 44, 45

M

Marbach 39
Meßstetten 46

R

Römerstein-Böhringen 21

S

Schelmenbühl 39
Sigmaringen 48
Sonnenbühl-Erpfingen 50, 52
Stuttgart 9, 53, 63-66, 68, 70, 72, 74, 78

V

Vaihingen/Enz 80
Waldenbuch 83, 85

W

Winnenden 86